나는 청약 통장을 버리고

경매로
건물주가
되었다

나는 청약 통장을 버리고 경매로 건물주가 되었다

부비게이터(이동열) 지음

원앤원북스

조급하거나 두려워하지 않아도 됩니다
시작은 누구나 다 평범하고 불안정합니다

나는 20대 초반, 모델하우스에서 아르바이트를 하던 평범한 대학생이었다. 세계여행을 꿈꾸며 휴학을 했지만, 돈이 없었다. 할 수 있는 것이라곤 3천 원대 시급을 받으며 아르바이트를 하는 것뿐이었다. 그렇게 우연히 부동산을 접하게 되었고, 대한민국에서 부동산을 통해 부를 쌓은 사람들이 많다는 사실을 알게 되었다. 머리가 띵했다. 내가 모르는 또 다른 세상이 있다는 사실이 신기하면서도 조급해지고 두려움도 생겼다. 바로 그때부터가 시작이었다.

그전까지는 돈을 버는 방법이 직장을 다니거나 장사나 사업을 하는 것 정도로만 막연하게 여겼었다. 그런데 부동산 투자로도 큰돈을 벌 수 있다는 사실을 알게 된 것이다. 다양한 부동산 투자 사례를 접하며 점차 가능성을 보았고, 용어 하나하나가 생소하고 어려웠지만

시간을 두고 차근차근 공부해나갔다. 무엇보다 흥미가 생겼다. 미래에 부동산 투자로 돈을 벌어 세계여행을 떠나고, 사랑하는 가족과 주변 사람들을 지킬 수 있을 것 같다는 생각에 마음이 부풀었다. 그렇게 자연스럽게 부동산 투자에 발을 들였고, 이제는 8년째 투자를 이어오고 있다.

처음 투자를 시작할 때만 해도 내가 이런 책을 쓰게 될 줄은 몰랐다. 그럼에도 이 책을 쓰게 된 계기는 명확하다. 우리는 매일 눈을 뜨면 수많은 정보에 노출되며, 부동산 정보도 예외가 아니다. 코로나19 이후 유튜브 등에서 부동산 관련 영상들이 넘쳐나면서 상승론, 하락론, 청약, 재개발, 경매 등 다양한 주제를 손쉽게 접할 수 있게 되었다. 하지만 그 가운데 잘못된 정보들도 많았고, 이제 막 부동산을 접하는 초보자들, 일명 '부린이'들은 혼란을 겪으며 이를 구분해 내지 못해 잘못된 방향으로 투자에 나서기도 했다.

그래서 부동산과 경매를 좀 더 쉽게, 그리고 정확하게 전하고 싶었다. 특히 나와 비슷한 연령대의 초보자들이 부동산과 경매에 대한 오해와 진입장벽을 넘길 수 있도록 돕고 싶었다. 뭐든 첫 시작이 중요하다. 부동산과 경매의 첫걸음을 어렵지 않고, 위험하지 않게 내딛을 수 있도록 안내하고 싶은 마음이 컸다.

실제로 공부하고 실행에 옮기다 보면 큰 어려움 없이 접근할 수 있음을 알려주고 싶었다. 물론 모든 투자에는 잘 다져진 원칙과 기준이 필요하고, 철저한 준비와 명확한 투자 플랜이 뒷받침되어야 한다. 이 책을 통해 그 원칙을 따라가며 실제 성과를 이루고, 결국 돈으로 인한 고통을 덜어내는 데 도움이 되기를 바란다.

나는 청약 통장을 버리고 경매로 건물주가 되었다

　　마지막으로 제 가족과 항상 응원해주시고 제 곁에 있는 주변 사람
들에게 감사함을 전합니다.

부비게이터 이동열

차례

3장 ◆ 부동산 투자의 본질, 지역 분석의 모든 것 ◆

4장 ◆ 2025년 부동산 시장 전망 ◆

1장

인생을 바꾼
부동산 경매 투자

나는 25살에
경매를 시작했다

부동산 투자, 그 시작점

...

나는 25살에 처음 부동산 투자를 시작했다. 당시 또래 친구들의 관심은 취업 준비, 이성 문제, 스펙 쌓기, 해외여행, 워킹홀리데이(관광과 취업을 할 수 있도록 허가하는 제도) 등이었다. 친구들과 다르게 왜 나는 부동산 투자에 관심을 가졌을까? 돈을 모으려고 시작한 모델하우스 아르바이트 덕분이었다.

막연히 세계여행을 꿈꾸었던 나는 휴학을 신청했다. 6개월 알바로 돈을 벌어 6개월의 세계여행을 계획했기 때문이다. 모델하우스에서 아르바이트를 시작한 나는 그곳에서 일하는 직원들이 신기했다.

정말 '미쳐서' 일하는 것처럼 보였기 때문이다. 한 달에 적게는 500만 원, 많게는 4천만 원을 번다는 이야기에 납득하기는 했지만 말이다. 한 달 180만 원 남짓의 돈을 받으며 일하는 나는 부러움과 질투를 느꼈다.

그러다 나를 좋게 봐주신 팀장님이 함께 일해보자고 제안해주셨다. 그렇게 계획한 세계여행을 뒤로한 채 1년을 일하게 되었다. 한 푼도 벌지 못한 달도 있었지만, 스스로 부동산을 공부하며 확신이 생겼다. 일을 시작한 지 6개월이 지났을 때는 200여 명의 직원 중 계약 건수가 가장 많은 사람이 되어 있었다.

그렇게 나는 여기서 깨달은 것이 딱 하나 있다. 열심히 하면 돈을 많이 벌 수 있다? 아니다. 대한민국에서 부동산 투자를 통해 많은 돈을 번 사람들이 아주 많다는 걸 말이다. 주식은 돈 벌었다는 이야기보다 돈을 잃었다는 이야기가 훨씬 많다. 그런데 부동산은 그렇지 않다. 적어도 대한민국 안에서는. 그래서 결심했다. 나도 부동산 투자를 해야겠다고.

그렇게 1년의 시간이 흘렀고, 나는 복학했다. 학교 수업을 들어도 머릿속에는 온통 부동산 투자 생각뿐이었다. 그러다 생각한 것은 분양권 투자였다. 당시 부동산 하락기가 시작된다는 분위기였기에 주변에서는 다들 투자를 말렸다. 하지만 나는 확신이 있었다. 주변 시세보다 저렴했다는 점, 추후 분위기가 반등하면 주변에서 가장 많이 가격을 치고 나갈 거라는 점, 주변 공급의 마지막이라는 점, 투자금이 적다는 점들이 모여서 말이다.

그렇게 나는 25살에 처음 부동산 투자를 시작했다. 그게 내 인생의 변화를 줄 첫 번째 기회였다.

욱한 마음으로 시작한 경매

...

내가 경매를 시작한 이유는 시기와 질투의 감정 때문이었다. 첫 투자 이후, 부동산 카페 등을 통해 새로운 부동산 지식과 고수들의 인사이트를 얻기 위해 시간을 쏟았다. 그때 나보다 어린 친구가 부동산 경매를 통해 대기업 직장인 연봉보다 훨씬 많은 돈을 벌었다는 글을 보았다.

바로 그날, 그 친구의 블로그 글을 모두 읽었다. 나보다 투자는 늦게 시작했다. 그러나 경매를 통해 수많은 낙찰 및 매도의 경험과 수익을 쌓고 있음을 알게 되었다. 다음 날 카페 쪽지를 보내 바로 약속을 잡았다. 차로 1시간 30분 정도, 거리가 가깝진 않았지만, 고민되거나 주저할 이유는 없었다. 그 친구는 내가 가지지 못한 스킬로 돈을 벌고 있었으니까 말이다.

궁금했다. 어떻게 부동산 경매를 통해 돈을 벌 수 있었는지. 다음 날 그 친구를 만나기 전까지 밤을 새서 경매와 관련된 블로그와 카페, 유튜브를 통해 공부를 했다. 좋은 질문을 하기 위해서라도 미리 공부할 필요를 느꼈다.

직접 만나 대화를 이어나갈수록 호기심이 생겼다. 처음에 경매를 어떻게 배웠는지 물어보니, 경매학원에 직접 가서 들었다고 했다. 비용이 꽤 비쌌다. 당시 500만 원 정도 했던 걸로 기억한다. 물론 지금은 비용보다 더 높은 수익을 낼 수 있다면 배우는 게 좋다고 생각하지만 당시는 조금 충격적이었다. 도움이 될 만한 책이랑 유튜브도 추천받았다.

그 친구와의 만남 이후, 우선 닥치는 대로 공부해보자고 결심했다. 그것만으로 충분히 이론 지식은 쌓을 수 있을 거라고 생각했다. 비록 다른 영역이지만 그간 부동산을 투자하고 꾸준히 공부해왔기 때문이다.

나는 자그마한 사업을 준비만 하다가 시작도 못하기도 했고, 1년간 회사를 다니기도 했다. 그러나 절대 부동산 경매 공부의 끈을 놓지 않았다. 짧지 않은 시간이지만 부동산 투자와 경매 관련된 책은 수십 권 읽었고 혼자 틈틈이 법원도 몇 번 다녀왔다. 모의입찰과 실제 입찰을 반복하기도 했다. 그렇게 스스로 모든 준비를 마쳤다고 생각했을 때 당시 다니던 직장을 나왔다. 4천만 원의 신용대출과 모아놓은 종잣돈으로 본격적으로 경매 투자에 뛰어들었다.

내 인생의 변화를 가져올 거대한 도전이었다. 두려웠지만 내 선택에 대한 확신을 가지기 위해 끊임없이 마음을 다잡았다. 그때의 도전이 없었다면 지금의 나는 없었을 거라 생각한다.

도대체 왜 경매였을까

...

시세보다 저렴하게 살 수 있다. 정년퇴직이 없다. 적은 돈으로 시작해볼 수 있다. 그게 내가 처음 느낀 경매의 매력이다. 경매의 장점은 크게 3가지로 나눌 수 있다.

① 전문직보다 더 안정적으로 평생 활용할 수 있는 기술이다.
② 안정적인 투자가 가능하고 원금 보장 확률이 다른 투자 대비 높다.
③ 레버리지를 크게 활용할 수 있다.

개인적으로 나는 매달 수강생들과 법원을 간다. 그중 기억에 선명히 남은 분도 있다. 80대로 보였던 할아버지는 하루 동안 구분상가 몇 개를 낙찰받았다. 정확한 시세를 보진 않았지만 꽤나 많이 유찰되었었던 물건들이라 시세보다는 훨씬 저렴해 보였다. 행복해 보이는 모습을 보며 여러 생각이 들었다. 나이가 들면 점점 할 수 있는 일이 줄어들고, 자신감이 떨어지는 모습을 보이는 경우가 많다. 그런데 그 할아버지는 본인만의 경매 기술로 당당히 경쟁하고 수익을 내고 있었다.

그래서 이 말을 강조하고 싶다. 경매 투자의 기술은 한 번만 배워두면 안정적으로 평생 쓸 수 있다. 1년에 딱 한 건만 경매로 낙찰받아도 된다. 그럼 웬만한 직장인 연봉만큼 벌 수 있다. 직장에서 연봉 1천만 원을 올리기 위해 노력하는 것보다 훨씬 적은 노력으로 가능하다. 이직을 준비할 때 연봉 1천만~2천만 원을 올리기 위해서는 그만큼 시간이 들고 스트레스도 받는다. 개인적으로 그 노력의 1/10만 해도 된다고 생각한다. 그럼 평생 매년 수천만 원씩 벌 수 있는 게임을 할 수 있게 된다.

또 부동산에 가서 매수하는 것보다 싸게 살 수 있다. 시세보다 저렴하게 샀으니까 정가에 팔면 수익이 남는다. 간단하게 말하면 도매시장에서 싸게 물건을 떼와서 파는 것이랑 비슷하다. 원가에 싸게 사서 소비자가격에 파는 것이다. 누구는 3억 원짜리를 3억 원에 사는데 경매를 이용하면 3억 원짜리를 2억 5천만 원에 살 수도 있다. 5천만 원의 안전마진이 생기는 것이다. 5천만 원을 모으려면 몇 년이나 일해야 할까?

그리고 경매는 내가 원하는 수익률에 맞춰서 투자가 가능하다. 3억 원짜리를 5천만 원 싸게 사고 싶었는데 다른 사람이 2억 6천만 원에 낙찰받았다고 하자. 그러면 우리는 그 물건은 보내주면 된다. 5천만 원의 안전마진을 가져갈 수 있는 부동산을 다시 찾고 낙찰받으면 된다.

시작부터 남들보다 유리하게 투자할 수 있는 자산이 얼마나 있을까? 이렇게 투자하면 마음도 여유로워서 유의미한 결과를 내기도 쉬워진다. 조금 가격이 떨어지더라도 여유 있게 기다릴 수 있다는 말이다.

여기에다 레버리지를 더 많이 활용할 수 있다. 2024년 기준으로 무주택자의 경우 아파트를 낙찰받으면 최대 90%까지 대출이 가능하다. 일반 매매의 경우 생애최초 구입자로 대출을 받아도 80%까지이고, 기본적으로는 70%다. 그런데 경매는 기본이 85%다.

추가로 상가 등의 비주거용 부동산의 경우 시중 은행에서 받는 대출보다 대출 비율이 훨씬 높다. 많게는 90% 이상까지 받는 경우도 있다. 물론 입지, 감정가 대비 낙찰가 등에 따라 다르다. 그래도 일반 매매보다는 높은 비율로 대출을 받을 수 있다.

물론 이 말이 무조건 대출을 많이 받아서 무리하게 투자하라는 말은 아니다. 결과적으로 투자금이 부족한 사람도 충분히 도전해볼 수 있다는 게 중요하다. 높은 비율로 대출을 받을 때는 그만큼 투자에서 수익을 얻을 수 있다는 판단과 확신이 서야 한다는 점은 잊지 말자.

8년째 투자를 계속하는 힘

...

돈 되는 경매 물건은 무궁무진하다. 지금도 생겨나고 있다. 하루에도 전국에서 수백 건의 경매가 진행되고 있으며, 1년간 대략 7만여 건의 경매가 진행된다.

나는 처음에 아파트 위주로 경매를 시작했다. 가장 쉽고 환금성도 뛰어났기 때문이다. 지금도 처음 경매 투자를 시작하는 사람에게는 아파트 물건을 먼저 권유한다. 한 사이클을 먼저 아파트로 돌려보는 것이 투자금 대비 리스크가 적다고 생각하기 때문이다.

그런데 소액으로 투자할 경매 물건을 보다 보면 빌라나 오피스텔에도 관심이 생긴다. 그때는 한 가지 알아두어야 할 것이 있다. 빌라나 오피스텔 등은 부동산 시장이 좋지 않을 때는 처분하기가 굉장히 어렵다는 점이다. 가격 방어도 쉽지 않다. 투자 전 제일 중요한 시세 조사를 제대로 하지 못하는 경우도 많다. 그래서 좀 더 공부한 사람이 해야 하는 난도 높은 투자라고 생각한다.

그렇게 아파트 물건 위주로 낙찰을 이어오던 어느 날 깨달았다. 아파트말고도 큰돈을 벌 수 있는 부동산이 많다는 걸 말이다. 그래서 아파트보다 경쟁이 덜한 물건에 관심을 가졌다.

첫 번째는 공장이었다. 공장을 경매로 낙찰받으려는 사람은 누굴까? 대부분 실수요자였다. 바꿔 말하면 공장을 경매로 낙찰받으려는 투자자는 거의 없었다. 여기서 나는 기회를 봤다. 남들이 쉽게 접근할 수 있고 진입장벽이 낮은 투자말고 어려워 보이고 복잡해 보이는 투자를 하기로 말이다. 사실상 아파트 투자와 맥락을 같이한다. 그런데 한 번도 해본 적이 없으니 두려움이 든다. 이런 심리적 장벽을 이겨내야 한다.

아파트 투자처럼 공장 투자에도 중요한 부분이 여럿 있다. 그 기준에 맞춰서 시세를 정확히 파악하면 된다. 물론 이게 말처럼 쉬운 건 아니다. 하지만 꾸준히 임장을 가고 물건 조사를 하다 보면 내가 투자할 지역의 공장 땅값과 임대차 시세를 알 수 있다. 추가로 진입도로 폭, 공장 층고, 폐기물 유무, 기계·기구 확인 등 디테일한 부분을 확인한다. 이후에는 경매의 본질에 맞춰 저렴하게 낙찰받으면 된다.

나는 5개월 사이에 2개의 공장을 경매로 낙찰받았다. 낙찰 후 1년도 되지 않아 모두 매도해 큰 수익을 얻었다. 만약 땅값까지 더 오를 여지가 있는 곳에 투자했다면 더 좋은 투자가 되었을 것이다. 그런 지역은 스스로 공부하며 분석하게 될 것이다. 공부가 가장 기초이니 소홀히 하지 않기를 바란다.

이후에는 NPL(Non Performing Loan)이라는 부실채권에 투자했다. 부실채권이란 은행이 빌려준 돈을 회수할 수 없게 된 채권이다. NPL을 이용한 경매 투자는 접목할 수 있는 부동산 종류가 많다. 특히 하락장 시기에 빛을 발하는 투자인데, 처음부터 권하지는 않는다.

이처럼 경매에 대한 투자 경험이 쌓이면 큰 수익을 낼 수 있다. 최근에는 2층짜리 주택을 리모델링하고 증축해 3층짜리 꼬마빌딩으로 만들었다. 지금은 한 번에 수억 원 이상 저렴하게 살 수 있는 고급빌라 투자를 고려 중이다. 경매뿐만 아니라 공매, 신탁공매 등 다양한 투자방법으로 안전하게 투자를 이어갈 예정이다.

이런 투자를 할 수 있는 이유는 경매를 시작했기 때문이다. 경매 투자를 꾸준히 할 수 있는 이유는 단 한 가지, 끊임없이 돈 되는 경매 물건이 있기 때문이다. 그리고 평생 내가 낙찰받아도 그보다 더 많은 물건이 나온다. 경험이 쌓일수록 더 많은 수익을 낼 수 있는 물건을 보는 눈이 생긴다. 한 번 배워두면 수십 년을 투자할 수 있는 경매, 당연히 배워야 하지 않을까?

움직이지 않으면
아무 일도 일어나지 않는다

부동산과 경매 투자를 공부할 시간이 부족하다는 것은 핑계에 불과하다. 삶의 우선순위에 두면 할 수 있다. 1순위로 두고 일, 주, 월 단위 계획을 잡으면 된다. 나머지는 다음 순위에 두면 된다.

당신의 진짜 목표가 무엇인가

...

주변만 둘러보아도 회사를 떠나 퇴사를 꿈꾸는 사람이 많다. 그 중 실제로 퇴사를 하는 사람은 얼마나 될까? 적어도 내 주변에는 한 명도 없었다. 퇴사를 외치는 사람은 수십 명 아니 수백 명이었지만,

나는 청약 통장을 버리고 경매로 건물주가 되었다

모두 몇 년이 지나도 그대로 제자리에 있다.

회사 생활 자체를 부정적으로 말하려는 게 아니다. 오히려 회사에서 받는 근로소득의 소중함은 너무나도 잘 안다. 무턱대고 퇴사하는 것보다 가능한 회사에서 많은 경험을 쌓는 것을 추천한다. 내가 이야기하는 문제는 자신이 원하는 이상은 높은데 현실에서는 전혀 준비하지 않는 모습이다. 대다수가 월 천만 원 이상 소득, 상사 눈치를 보지 않는 회사 생활, 매일 쳇바퀴 같은 삶에서 벗어나기 등을 원한다. 그걸 원하고 바라고 외치면서도 정작 무엇을 준비하고 있냐고 물어보면 변명만 늘어놓는다. '새로운 프로젝트를 맡아서', '이번에 부서를 옮겨서', '요새 야근이 너무 많아서' 등이다.

회사에 들어갔을 때 나는 회사 생활에 적응하기도 바쁘고 야근도 많았다. 그럼에도 매일 3~4시간은 경매 공부와 모의입찰, 부동산 관련 책 읽기를 했다. 어떻게 가능했냐면 이 습관을 하루의 우선순위에 무조건 두었기 때문이다. 다른 핑계와 변명이 끼어들 틈이 없었다.

그렇게 하루 일과를 정해놓으면 어떻게든 하게 되어 있다. 몸이 녹초가 되어도 노트북을 열고 마우스를 움직였다. 주말에도 마찬가지였다. 더 많은 경매 물건을 찾고 모의입찰을 했다. 그렇게 한 달 정도 지나니 완전히 습관화가 되었다. 오히려 일과를 지키지 못한 날은 불안감에 편히 잠을 잘 수 없었다.

당신의 진짜 목표가 무엇인가. 경매 투자를 통해 지금보다 더 나은 삶을 살기 위함인가? 그렇다면 다른 생각말고 당장 준비하고 결심하면 된다. 이 책을 읽고 나서 다시 원래 하던 대로 하면 변하는 게 없다. 그럴거면 이 책을 왜 읽는 것인가?

아까운 시간, 죽은 시간으로 만들지 말고 본인의 인생을 진짜로 변화시켜보자. 이 책에서 딱 한 가지는 얻어가면 좋겠다. 그리고 그걸 자신의 삶에 적용시켜라. 그러기 위해서는 우선 본인이 진짜 원하는 것이 무엇인지 정의해야 한다. 진짜 목표를 정의하고 이걸 노트나 공책에 적다 보면 확신이 생긴다. 그다음 구체적인 목표를 세우고, 그 목표를 달성하기 위한 단계를 정한다. 그런 다음 단계를 세분화하고 지키면 된다.

세상 모든 일은 간단하다. 복잡하게 생각하면 복잡하다. 당장 눈앞에 놓인 문제를 단순하게 생각하고 풀어나가자. 그러면 실행력이 따라올 것이다.

두려워할 필요는 없다

...

목표를 세우고 공부를 하다 보면 내가 할 수 있을지, 늦은 건 아닐지, 경매 물건을 잘못 낙찰받으면 어떡하지라는 걱정에 휩싸인다. 그럴 때마다 무수한 성공 사례를 보며 공부하라고 이야기한다. 그러면 걱정이 자신감으로 바뀐다. 실제로 내가 자주 사용했던 방법이다.

두렵고 불안한 감정이 드는 이유는 단 하나, 모르기 때문이다. 인간은 예상하지 못하는 것들에 대해 불안함을 느낀다. 모르는 걸 배우고 공부하면 불안함이 확신으로 바뀐다. 요즘에는 너무나 좋은 부동산 책과 영상이 많다(물론 반대로 피해야 할 영상도 많다). 나는 잠자는 시간을 제외하고 부동산과 경제, 재테크, 자기계발과 마인드에 관련된 영상과 책으로 하루를 시작하고 마무리했다. 밥 먹는 시간, 잠자기 직전, 운동을 하거나 대중교통을 이용할 때, 머릿속을 온통 투자만 생각할 수 있는 환경을 강제로 만들었다. 그리고 명언집을 한 권 샀다. 매일 아침과 자기 전에 하루를 정리할 때 명언집을 읽으며 마인드 세팅을 했다. 책상 주변은 물론 일상생활을 하는 주변에 동기부여를 해주는 글귀를 작은 포스트잇에 적어두고 보았다. 지금도 유지하고 있는 나만의 루틴이다.

그러나 무턱대고 이렇게 한다고 두려움이 사라지고 투자에 대한 확신이 생기지는 않는다. 그래서 초심자들을 위해 간단하게 부동산과 경매를 공부할 때 좋은 순서를 공유한다.

① 부동산 및 경매 관련된 책 20권 이상 읽고 정리하기(책에서 의문이 생기는 점은 따로 적고 그 이유도 찾아서 정리하기)

② 부동산 및 경매 블로그의 최신글과 인기글 닥치는 대로 읽기

③ 부동산 및 경매 카페를 여러 군데 가입해 양질의 글과 정보글 읽기(인기순으로 보거나 카페에서 유명한 네임드들의 글 추천)

④ 부동산 및 경매 관련된 유튜브 영상 구독 및 시청하기

부동산 경매를 처음 공부할 때는 책 읽는 것만큼 효율이 좋은 게 없다. 전체적인 흐름과 큰 틀을 잡는다는 생각으로 먼저 읽어보면 좋다. 여기서 한 가지 더 좋은 방법이 있다. 만약 경매를 공부하고 싶다면, 경매와 관련된 책을 1~2주 동안 몰아서 읽으면 효율이 극대화된다. 어제는 경매 책을 읽었다가 오늘은 재개발 책을 읽으면 개념이 제대로 잡히지 않은 상태에서 더 헷갈리고 길을 잃기 쉽다.

사실 추천한 방법은 굉장히 당연하고 쉬워 보인다. 그런데 생각보다 저런 순서로 공부하는 사람이 적었다. 중구난방으로 공부하다 보니 오히려 부동산 경매를 더 어렵게 느끼게 된다. 나는 아직도 새로운 부동산 투자를 공부할 때 이 방법대로 한다. 감히 제일 효율이 좋은 방법이라고 추천한다.

강의를 듣는 것은 각자의 선택이다. 풍부한 경력, 쉬운 설명, 여전히 투자를 하는 강사를 찾는 게 제일 좋다. 좋은 강사를 고른다면 최소 몇 개월에서 최대 몇 년의 시간을 아낄 수 있다. 나도 직접 공부하면 시간이 많이 걸리고 간접경험이 필요한 투자를 하기 전에는 비싼 수업료를 내고 강의를 들었다.

두려움을 없애는 핵심은 온통 머릿속에 부동산에 관한 생각만을 주입하는 것이다. 그리고 투자에 성공한 사람들의 이야기를 지속적으로 새겨들어라. 당신이 두려움을 느낄 때 다시 한번 치고 나가게 해줄 것이다.

투자자 마인드를 가져야 한다

...

결국 투자의 성패를 가르는 것은 투자자 마인드가 장착이 되었냐 안 되었냐의 차이다. 같은 강남 아파트를 보유하고 있어도 누구는 손해를 보고 팔고, 누구는 막대한 이익을 보고 판다. 같은 강남의 빌딩을 보유하고 있어도 누구는 수십, 수백억 원을 벌고 누구는 수억 원 이상의 손실을 본다. 나는 이를 투자자 마인드의 차이라고 생각한다.

내가 생각하는 투자자 마인드는 투자를 이끌어가는 데 없어서는 안 될 무기다. 기회와 위기의 모든 상황에서 큰 힘을 발휘한다. 기회의 순간에서는 기회를 알아볼 수 있게 만들어주고, 위기의 순간에서는 위기를 기회로 바꿀 수 있는 힘이 된다.

투자자 마인드를 갖기 위해서는 다음을 따르길 바란다.

① 내가 할 수 있다는 확신을 가진다. 안 될 거라는 생각, 부정적인 사고 방식은 버려라.
② 눈앞에 닥친 문제는 나를 성장시켜주는 테스트라고 생각한다.
③ 자산 시장의 상승장, 하락장과 상관없이 지속적으로 공부하고 투자한다.
④ 명확하고 구체적인 목표 설정을 통해 동기부여한다.

첫째, 투자자 마인드를 장착하기 위해서 절대로 해서는 안 될 것이 하나 있다. 부정적인 생각과 판단이다. 상황을 낙관적으로만 보라는 것이 아니다. 긍정적으로 생각해야 위기의 순간에도 당황하지 않고 해결방안을 모색할 수 있다. 자신이 계획한 것은 끝까지 해낼 수 있다는 확신이 꼭 필요하다. 나는 목표를 위한 계획을 세울 때, 이미 그걸 이룬 것처럼 행동한다. 당연히 그건 될 거라고 생각하고 행동한다. 그러다 보면 진짜로 그렇게 되어 있다.

주변에 부정적인 이야기만 늘어놓거나 자신이 경험하지 못한 것에 대한 조언을 늘어놓는 사람들이 있다면 피하는 게 좋다. 걱정 어린 시선에서 이야기한 것일 수도 있지만 우리가 추구하는 목표에서는 멀어져야 할 관계다. 아무리 스스로 동기부여와 마인드 관리를 잘하더라도 그런 관계에서는 부정적인 영향을 받는다. 그 사람들의 말과 행동이 나의 무의식 속에 자리잡고 전염된다. 부정적인 것의 힘은 크다. 그러니 최대한 나의 주변에 비슷한 목표를 지닌 사람들로 채워야 한다. 우리의 목표 달성 시간을 앞당기기 위해서라도 말이다.

둘째, 투자를 하다 보면 우리가 생각하지 못한 문제가 생길 때가 있다. 한 번은 월세 세입자를 구했다. LH를 통해 보증금 대출을 받은 세입자여서 반전세로 딱 두 달치 월세만 받았다. 이후에 2년이라는 계약 기간 동안 단 한 번도 월세를 내지 않았다. 처음에는 사정이 어려운가 싶어 연락을 하지 않았지만, 6개월이 지난 시점에는 연락이 되지 않았다. 의도적으로 연락을 피하는 듯했다. 이후에 소송도 진행했고 이사 나갈 때는 관리비 정산 때문에 막무가내로 욕을 들은 적도 있다.

이런 일들이 생기면 보통은 엄청난 스트레스를 받는다. 그렇지만 그 문제를 해결하기 위해서는 스트레스를 받는 것은 아무런 도움이 안 된다. 그러니 그 문제가 오히려 자신을 성장시킬 하나의 테스트라고 생각하자. 테스트의 난도가 높으면 높을수록 끝냈을 때 더 큰 성장이라는 보상을 받는 것이다. 그리고 그 문제를 알았을 때 두려움이 드는 순간 그 문제를 본인이 해결할 수 있다고 먼저 믿어라. 문제가 생겼다고 해서 변하는 것은 없다. 오직 내 안의 생각이 모든 것을 결정한다.

2024년 파리 올림픽에서 여자 사격 부분에서 은메달을 딴 김예지가 선수가 이렇게 말했다. "남들이 저를 어떻게 평가하든 저는 신경 쓰지 않는 편이에요, 제 자신이 가장 중요하다고 생각합니다. 저는 그냥 저를 이기고 싶어요." 결국 모든 문제는 그 문제를 해결하는 것도 중요하다. 그러니 자신을 믿고 행동하자.

셋째, 대개 큰 부자는 하락장에서 탄생한다. 자산의 퀀텀점프는 단기간에 이루어지는 게 아니다. 꾸준히 시장에 참여해 투자를 반복함으로써 얻을 수 있다. 상승장에서만 투자해야겠다고 생각하면 하락장보다 더 큰 리스크를 가져올 수 있다. 진짜 큰돈을 벌 때는 하락장이다. 특히 경매는 더욱 그러하다. 경쟁자가 줄어들면 내가 가져가는 수익도 커진다. 시장 상황이 어떻게 변하든 시장에 머물러야 한다. 그래야 수익을 낸다.

그리고 시장의 상승장과 하락장을 모두 경험해야 알 수 있는 것들이 있다. 상승장 직전에 어떤 일이 벌어지는지, 하락장이 시작할 때 어떤 일이 벌어지는지 등 말이다. 이론으로 배우는 것과 직접 투자를 하거나 스스로 느끼는 것은 또 다르다. 더 큰 수익을 가져다줄 수도 있고 더 큰 손실을 가져다줄 수도 있다. 그렇게 시장에서 버티고 나면 나만의 기준이 명확해진다. 근거 없는 소문에 휘둘리지 않고 권위에 굴복하지 않을 수 있다.

넷째, 우리가 거창하게 목표를 세우지만 중간에 포기하는 이유는 목표가 빈약하고 동기부여가 희미해지기 때문이다. 단기, 중기, 장기의 목표는 명확하고 구체적으로 설정해야 한다. 경매 투자를 한다고 가정하자. '올해 아파트 한 채를 낙찰받을 것이다'와 같은 목표는 세워도 이루어질 가능성이 거의 없다. 언제, 어느 지역에, 얼마의 투자금으로 등의 구체적인 목표를 세워야 한다. '2025년 1월 안으로 서울 노원구의 20평형 아파트를 5번 입찰하고 투자금 1억 원을 투입해 시세 대비 8천만 원 저렴하게 아파트를 한 채 낙찰받는다'라는 식으로 바꾸어 계획해보자.

그리고 목표에 대한 점검이 필요하다. 목표를 정하고 어떻게 달성하는지 점검하지 않는다면 실천하지 않을 가능성이 높다. 사람은 의지와 열정이 있다고 해서 쉽게 변하지 않는다. 환경이 중요하고 자신이 통제될 만한 상황을 억지로라도 만들어야 한다. 그래서 일, 주, 월 단위로 꼭 단기 계획들을 세우고 잘 실천하고 있는지 점검하자.

정리하면 먼저 장기적인 계획을 세우고 이어서 단기 계획을 세운 후에 그것들을 점검하면서 목표 달성을 하는 것이다. 예를 들어보면 이렇다.

2025년 1월 안으로 서울 노원구의 20평형 아파트를
5번 입찰하고 투자금 1억 원을 투입해
시세 대비 8천만 원 저렴하게 아파트를 한 채 낙찰받는다.

아파트를 5번 입찰하려면 한 달에 2번 입찰을 해야 한다.

아파트를 한 달에 2번 입찰하려면
2주에 1번 임장 및 시세 조사를 해야 한다.

아파트를 2주에 1번 임장 및 시세 조사를 하려면
최소 3개의 경매 물건을 찾아야 한다.

최소 3개의 경매 물건을 찾으려면
1개당 2시간의 시간이 소요된다.

퇴근 후에 하루 최대 2시간의 시간을 확보해야 한다.

이런 식으로 큰 계획부터 짜고 이것들을 잘게 쪼개서 어떤 일을
해야 하는지 정하고 점검하자. 그러면 목표 달성이 좀 더 가까워질
수 있다.

이론은 적당히, 실행은 충분히

지금 당장 투자에 필요한 지식부터

...

곧바로 실전에 쓰일 지식을 먼저 쌓아야 한다. 용어도 어렵고 실제로 돈 버는 것과 관련 없는 이론 공부에 시간을 허비하면 안 된다. 그러다가는 지쳐서 그만두게 된다.

나 역시도 처음 경매 공부를 시작할 때 경매의 이론 부분에 무게를 두었다. 배당의 순서, 채권과 물권의 차이 등을 달달 외웠다. 그런데 경매를 처음 공부하는 초심자가 이런 것들을 알아야 할 이유가 있을까? 절대 아니라고 말하겠다. 물론 언급한 내용들을 알게 된다면 아주 먼 훗날에 특수물건 같은 영역에 투자할 때 도움이 될 것이다.

그런데 그게 경매를 처음 공부하는 초심자들에게 당장 필요한 지식은 아니라는 것이다. 오히려 경매 투자를 어렵게 느끼게 하고 실행력만 떨어뜨린다.

경매 공부 초기에 경매와 관련된 오픈채팅방, 카페 등에 많이 참여했다. 그곳에는 경매와 관련된 법적 절차와 용어와 판례 등에 대해서 상당한 수준으로 아는 사람들이 꽤 많았다. 그중에서도 눈에 띄는 사람이 있었다. 10년 정도 경매를 공부했다고 하는데, 정말 대단해 보였다. 동시에 나는 저렇게 되려면 얼마나 공부를 해야 할까 하는 막연함, 돈은 또 얼마나 많이 번 부자일까 하는 부러움이 들었다.

그런데 반전이 하나 있다. 오픈채팅방에 있던 사람들이 그 고수(!)의 투자수익을 궁금해하다 결국 물어본 적이 있다. 경매 투자로 수익을 얼마나 내셨냐고 말이다. 대답은 충격적이었다. 10년 동안 딱 3건 정도 투자했다고 했다. 수익도 크지 않았다. 유명 투자자보다 더 실력이 높다고 느껴졌었는데, 오직 이론 지식뿐이었다니.

여기서 내가 말하고 싶은 핵심은 이론이 중요하지 않다는 게 아니다. 공부를 위한 공부에 빠지지 말자는 것이다. 실제 돈이 되는 공부를 하라는 것이다.

처음부터 알기는 어렵다. 나 또한 그랬기에 이 책을 통해 처음 투자를 시작하는 사람들이 시간을 아꼈으면 하는 마음이다. 가뜩이나 경매는 어렵다는 선입견에 진입하기가 어려운데, 이론 공부마저 낯선 용어 때문에 하기 싫어지면 자신의 포기를 합리화한다. 그래서 나는 경매 투자에 당장 필요한 것부터 배우기를 추천한다. 학창 시절,

공부 잘하는 친구의 노트를 생각해보자. 시험에 나올 것만 걸러내 요점 정리를 한다. 경매 공부도 마찬가지다.

얼핏 듣기에는 굉장히 내용이 방대해 보이고 어려워 보일 수 있다. 그러나 필요한 것만 골라서 공부하면 걱정하는 것만큼 시간이 오래 걸리지 않는다. 결국 모든 것은 본질이 무엇인지 이해하면 되는 게임이다. 이 책에서 부동산 경매 투자를 하기 위해 필요한 것만 알려주려고 한다. 당장 법원에 가서 입찰을 할 수 있게 말이다.

실행력이 가지는 힘

...

실행력 없는 생각은 죽은 생각이다. 머릿속에 있는 생각을 행동으로 옮기지 않으면, 생각을 하지 않은 것보다 더 못하다.

"아, 그거 내가 생각했던 건데 대박 났더라." "그거 내가 예전에 투자하려고 했던 건데…" 같은 말을 해보거나 들어본 적이 있는가? 미안하지만 그런 일은 일어날 가능성이 전혀 없는 허구다. 앞으로도 그럴 것이다. 왜 그런지 아는가? 첫 번째, 죽었다 깨어나도 본인의 생각을 행동으로 옮기지 못했을 것이다. 두 번째, 설령 본인의 생각대로 옮겼다 해도 대박 난 그 사람만큼은 되지 못했을 것이다. 왜 그러냐고? 저 말을 하는 사람 중 성공한 사람을 단 한 번도 본 적이 없기 때문이다.

모델하우스에서 상담 아르바이트를 할 때의 일이다. 두 명의 인상 깊은 고객을 만났다. A 고객은 우아한 말투와 차분한 목소리로 투자에 대한 자신의 견해를 논리적으로 풀어냈다. 투자 경력이 많아 보였으며, 내가 미리 조사한 주변 호재와 미래 가치에 대한 정보도 더 깊이 알고 있었다. 순간 당황스러웠고, 구체적인 질문이 이어질 때는 식은땀이 흘렀다. 하지만 뜻밖의 사실을 알게 되었다. A 고객은 50대 후반이었고, 보유한 부동산은 실거주용 아파트 한 채뿐이라는 것이었다. 머리가 띵했다.

B 고객은 성격이 급하고 투박한 경상도 사투리를 쓰는 사람이었다. 투자에 대한 내공이 부족해 보였고, 다짜고짜 분양가와 평수 같은 기본적인 질문만 던졌다. 그러나 대화를 나누다 보니 의외로 입지가 좋은 아파트에 대한 정보를 꽤 알고 있었다. 그럼에도 실제로 투자해본 경험은 없어 보였다. 그런데도 두 시간 후, 계약을 하겠다고 해서 깜짝 놀랐다. 이후 개인적으로 부동산 투자를 한 적이 있는지 물어보았다. 알고 보니 이분은 전국 광역시에 입지 좋은 신축 아파트 3채와 중심지에 있는 분양권 2개를 보유한 사람이었다.

이 두 사람을 보면서 몇 가지 중요한 깨달음을 얻었다. 이론과 지식이 곧 실력과 성과를 보장하지 않는다는 점, 그리고 실행력을 동반한 사람이 결국 뛰어난 결과를 얻는다는 것이다. 겉모습만으로 사람을 판단하지 말자는 교훈도 함께 얻었다. 부동산 경매 투자도 마찬가지다. 우리는 객관식 시험을 준비하는 것이 아니다. 더 많이 알고 외운다고 해서 더 나은 결과가 보장되지는 않는다. 놀랍게도 나는 '부동산 경매의 끝판왕'이라는 특수물건에 한 번도 입찰한 적이 없다.

그럼에도 불구하고 수익은 충분히 올렸다. 특수물건이라고 해서 반드시 돈이 더 되는 것도 아니고, 그렇지 않다고 해서 덜 되는 것도 아니다. 적당한 지식을 쌓고, 실행하는 것이 핵심이다.

많이 알면 알수록 고려할 것이 많아져 행동으로 옮기기 어려워진다. 세상 밖으로 나가기보다 고립된 생각에 빠지기가 쉽고, 그것이 나중에 후회로 가득 찬 삶을 만들 수 있다. 실행력의 힘을 믿고 움직이자. 그것이 당신의 삶을 변화시킬 유일한 진실이다.

실행하지 않았으면 일어나지 않았을 변화
...

하락장에서 분양권 투자를 하지 않았다면, 복잡해 보이는 경매를 배우지 않았다면, 비주거용 부동산에 투자하지 않았다면… 전부 실행하지 않았더라면 상상만 해도 끔찍하다. 내 인생은 결코 변화하지 않았을 테니까.

새로운 것에 도전할 때면, 주변에서 항상 한마디씩 덧붙인다. "지금 투자한다고? 미쳤구나." "그게 지금 되겠어? 레드오션이야." "나 아는 사람이 해봤는데 어렵대." 같은 말들이다. 그런데 그런 말을 하는 사람 중에 실제로 경험을 해본 사람이 얼마나 될 것 같은가? 제대로 해보지도 않은 사람들의 말에 휘둘릴 필요는 없다. 오히려 그 도전을 통해 성공적으로 해낸 사람들의 이야기에 귀를 기울여야 한다. 주변을 돌아보면 성공한 사람들보다 실패하거나 제자리에 머물러

나는 청약 통장을 버리고 경매로 건물주가 되었다

있는 사람들이 더 많지 않은가? 그렇다면 실행력을 떨어뜨리는 주변 환경을 과감히 제거해야 한다.

이렇게 강조하는 이유는 단 하나다. 내가 만들어낸 모든 결과물은 실행하지 않았다면 절대 나타나지 않았을 것이기 때문이다. 모델하우스 아르바이트를 할 때, 분양팀 팀장님이 함께 일해보자고 제안한 적이 있었다. 그런데 돈은 한 푼도 못 벌 수도 있다고 했다. 그 말에 겁먹고 하지 않았다면… 지금 생각만 해도 끔찍하다. 처음 분양권 투자를 할 때도 마찬가지였다. 당시 하락장에 접어들었을 때라 주변에서 엄청나게 말렸다. 시세보다 저렴하긴 했지만, 가격이 더 떨어지면 어쩔 거냐고 했다. 하지만 그때 그 분양권에 투자하지 않았다면, 이후 다른 부동산 투자를 할 자본을 마련하지 못했을 것이다.

처음 부동산 경매를 공부하려고 했을 때도, 카페나 블로그에서 경매는 잘 모르고 하면 인생에서 되돌릴 수 없는 실수를 할 수 있다고들 했다. 물론 틀린 말은 아니다. 하지만 그건 아주 낮은 확률의 이야기이며, 큰 실수를 했을 때의 경우다. 어떤 일이든 실수를 하면 손해를 본다. 그때 내가 겁을 먹고 경매 공부를 시작하지 않았다면 어땠을까? 투자금을 마련하고 대출 이자를 갚기 위해 다녔던 회사의 안정적인 월급에 안주하며 퇴사하지 않았다면, 인생에서 몇 번 만나기 힘든 부동산 상승장에 올라타지 못했을지도 모른다. 더 많은 수익을 내야 하는 상황에 내몰리지 않았을 테니 말이다. 그리고 회사 밖은 위험하다고 걱정하던 회사 동료들의 의견에 동의했다면, 내 인생은 지금과는 크게 달라졌을 것이다.

주택에 대한 규제로 아파트 투자 환경이 어려워졌을 때도 투자를 쉬었다면 지금의 건물 투자는 꿈도 꾸지 못했을 것이다. "이제 아파트로는 돈 벌기 어렵다." "투자를 잠시 쉬는 게 어떻겠냐."라는 주변의 말이 있었지만, 나는 나만의 확신을 하고 계속해서 투자했다. 공장과 부실채권에 대해 공부도 했다. 주식이나 비트코인에 무작정 투자한 사람들보다 성공적인 수익을 거둘 수 있었다. 잘난 체를 하려는 건 아니다. 다만 다른 사람들이 덜 가고 덜 하는 길을 확신을 가지고 걸어갔던 것이 내게 큰 도움이 되었다는 이야기를 하고 싶을 뿐이다.

인생에서 한 번쯤은 내 마음속 나약함과 불안함을 마주하고, 그것을 끊어내야 한다. 그렇게 한다고 큰일이 나는 것도 아니며, 오히려 더 나은 미래가 기다리고 있을 것이다.

성공 사례 분석으로
투자에 확신을 가지자

낙찰가보다 높은 전세가를 세팅하다

...

부동산 투자를 하다 보면 투자수익률이 무한대인 투자가 가능할 때가 있다. 플피(Plus+Premium) 투자라고도 하는데, 전세가가 매매가보다 높아 매수자가 오히려 돈을 벌면서 부동산을 매수하는 전략이다. 내 돈을 들이지 않고 오히려 돈을 더 받으며 하는 투자다. 지금 그 투자 사례를 소개하려 한다.

한창 경매로 한 달에 여러 채씩 낙찰받던 시기였다. 한 채를 단기로 매도하고 기존 투자금과 수익이 더해져서, 더 높은 가격대의 경매 물건을 찾아보고 있었다. 며칠 동안 검색하던 중 눈에 들어온 물건이 있었다. 부산에 있는 30평대 아파트였다. 당시 부산의 대부분 아파트는 상승세를 타고 이미 많이 오른 상태였다. 그런데 이 물건은 중심지에서 거리가 꽤 있지만, 외곽 신도시에 위치하고 주변 인프라도 좋은데도 불구하고 4년 전과 동일한 가격이었다. 더 매력적으로 보였던 이유는 경쟁률이 낮았다는 점이다. 경매에서 사람들의 관심이 덜하고 경쟁률이 낮다는 것은 그만큼 안전마진(차익)이 크다는 것을 의미한다. 게다가 브랜드는 롯데캐슬이었고, 연식도 6~7년밖에 되지 않았다. 이런 가격으로 나왔다는 게 놀라울 정도였다.

시세는 3억 원 정도였고, 나는 2억 7,500만 원을 써서 낙찰받았다. 입찰자는 나를 포함해 딱 두 명뿐이었다. 그런데 낙찰을 받고도 기분이 마냥 좋지만은 않았다. 2등 입찰자와 내 입찰가의 차이가 2천만 원이 넘었기 때문이다. 경매에서는 이를 '떡을 사 먹었다'고 표현한다. 나는 왜 이리 비싼 떡을 사 먹었을까 자책했다. 초보 시절의 조급함이 불러온 실수였다. 이 물건을 낙찰받지 못하면 어쩌지 하는 생각에 사로잡혔고, 빨리 수익을 내야만 전업 투자자의 생활이 덜 불안할 것 같았다.

결국 법원에 가기 전 생각했던 입찰가보다 1천만 원 가까이 더 써냈다. 물론 이런 실수는 초보자들이 흔히 저지르는 실수다. (자세한 이야기는 다음에 다시 이야기하겠다.) 그렇게 눈물 나는 낙찰을 받았지만, 시세보다 2,500만 원 저렴하게 받았기 때문에 크게 문제는 없었다. 낙찰받은 당일, 점유자의 부동산에 가서 포스트잇에 연락처를 붙였다. 가스 검침표를 확인하니 사용한 지 꽤 된 듯했고, 문 앞에는 연락을 달라는 종이들이 덕지덕지 붙어 있었다. 순간적으로 사람이 거주하지 않는 집일 가능성이 떠올랐다. 그때 옆 호수에 거주하는 아주머니가 나오셨다. 이게 웬 횡재인가 싶었다. 바로 집주인에 대해 여쭤보려 했는데, 아주머니는 먼저 "이사 간 지 꽤 됐어, 젊은 양반."이라고 말씀하셨다. 속으로는 너무 기뻤지만, 겉으로는 아무렇지 않은 척하며 "아, 그래요? 감사합니다."라고 대답했다.

이후 관리사무소와 주변 부동산에 탐문해보니 정말 그 집은 오래 비어 있었다. 이사비가 굳었다는 생각과 함께 내부에 짐이 많을까 걱정이 되었다. 초보일 때는 일이 잘 풀리면 또 다른 걱정이 생기기 마련이다. 잔금 후 열쇠공을 불러 문을 열었고, 내부를 확인했는데 다행히도 너무 깨끗했다. 두고 간 짐도 없었고, 입주 청소만 하면 되는 상태였다. 최소 100만~200만 원을 아낀 셈이었다. 높은 낙찰가가 약간의 위로가 되는 순간이었다.

처음에는 단기 매도로 더 좋은 부동산을 살지 고민했다. 낙찰받은 후 매수세도 상승세를 타고 있었다. 그렇게 고민하던 중 갑자기 일주일 사이에 저렴한 매물들이 거래되면서 호가가 수천만 원이 올랐다. 이자를 내며 조금 더 지켜보기로 했고, 한 달 만에 가격이 2억 원 이상 뛰었다. 당장 매도하면 양도소득세가 꽤 발생하기에, 전세를 놓기로 했고 3주 만에 세입자를 구했다. 도배와 장판만 했음에도 불구하고 매매가와 전세가가 모두 올랐다. 낙찰가보다 6천만 원 이상 높게 전세를 놓았다. 시세차익은 2억 원이 넘고, 투자금은 오히려 6천만 원이 불어났다.

하락장에서의 시세 대비 낮게 낙찰받다

...

부동산 경매 투자는 시장에 공포가 퍼져 참여자들이 줄어들수록 수익을 더 크게 낼 수 있는 기회가 많아진다. 일반 매매조차 활발하지 않다면 경매장에 나올 사람은 더더욱 적어지기 때문이다. 그래서 상승장보다 하락장에서 더 적극적으로 움직여야 한다.

하락장에서는 급매보다 더 저렴하게 경매 물건을 낙찰받을 수 있다. 일반적으로 사람들은 상승장에서 경매에 관심을 가지기 마련이다. 조금이라도 싸게 사서 이익을 보려는 마음 때문이다. 하지만 상승장에서 경매에 입찰했던 사람들은 실망하게 된다. 대부분 시세와 거의 차이 없이 낙찰되는 경우가 많기 때문이다. 실제로 2021년까지 부동산 상승기 동안 아파트 경매에서 감정가 대비 낙찰가율이 100%를 넘는 사례가 흔했다. 몇 번 입찰해보고 패찰을 경험한 사람들은 경매가 별로 재미없다며 떠났을 것이다. 당연히 많은 사람이 몰리면 저렴하게 낙찰받기 어렵다. 그러나 하락장이 오고 경매장에 사람들이 줄어들면 수익을 낼 기회는 더욱 커진다. 이는 서울의 2022년 2분기부터 2024년 2분기까지의 사례에서도 확인할 수 있다. 물론 지방과 수도권 일부 지역에서는 여전히 기회가 남아 있다.

서울 도봉구에서 나온 경매 물건을 보자. 시세는 약 7억 5천만 원인데, 낙찰가는 6억 3천만 원으로, 시세 대비 1억 2천만 원이나 저렴하게 낙찰받았다. 경매에 대해 모르는 사람들은 매도자와 협상을 통해 1천만~2천만 원 정도 깎으려고 애썼을 것이다. 만약 그 협상이

나는 청약 통장을 버리고 경매로 건물주가 되었다

사례 1_서울 도봉구 아파트 경매 물건

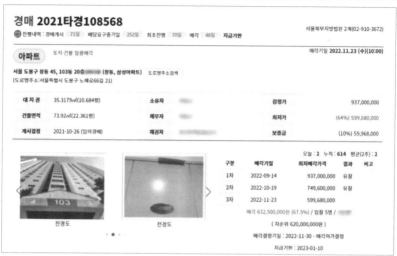

경매 2021타경108568

서울북부지방법원 2계(02-910-3672)

진행내역 : 경매개시 71일 배당요구종기일 252일 최초진행 70일 매각 48일 지급기한

아파트 토지·건물 일괄매각

매각기일 **2022.11.23 (수)(10:00)**

서울 도봉구 창동 45, 103동 20층○○○○(창동, 삼성아파트) 도로명주소검색
(도로명주소:서울특별시 도봉구 노해로66길 21)

대지권	35.3179㎡(10.684평)	소유자	○○○	감정가	937,000,000
건물면적	73.92㎡(22.361평)	채무자	○○○	최저가	(64%) 599,680,000
개시결정	2021-10-26 (임의경매)	채권자	○○○○○○○○○	보증금	(10%) 59,968,000

오늘 : 2 누적 : 614 평균(2주) : 2

구분	매각기일	최저매각가격	결과	비고
1차	2022-09-14	937,000,000	유찰	
2차	2022-10-19	749,600,000	유찰	
3차	2022-11-23	599,680,000		

매각 632,500,000원 (67.5%) / 입찰 5명 / ○○○
(차순위 620,000,000원)
매각결정기일 : 2022-11-30 - 매각허가결정
지급기한 : 2023-01-10

전경도 전경도

삼성래미안 103동
매매 7억 9,500
아파트 · 93A/73㎡, 15/20층, 동향
전철역과 젤가까운 동 확트인 전망 선호도넓은 초증교
래미안태영공인중개사사무소 매경부동산 제공

확인 24.08.28. ☆

집주인 삼성래미안 103동
매매 7억 9,500~8억 5,000 ↑
아파트 · 93A/73㎡, 15/20층, 동향
25년이상 올수리 역세권

확인 24.08.13. 중개사 3곳 ∨

출처: 탱크옥션, 네이버 부동산

경매 2022타경106108

서울남부지방법원 3계 (02-2192-1333)

진행내역: 경매개시 92일 배당요구종기일 91일 최초진행 71일 매각 34일 납부 44일 배당종결 (332일 소요)

매각일자 2023.01.04 (수) (10:00)
종국일자 2023.03.23

아파트 토지·건물 일괄매각

서울 구로구 구로동 ○○○○, ○동 ○층 ○○○호 (구로동, 럭키아파트) 외 ○필지 새주소검색
(도로명주소:서울 구로구 도림로 ○○○)

대지권	39.97㎡(12.091평)	소유자	김○○	감정가	800,000,000
건물면적	84.9㎡(25.682평)	채무자	김○○	최저가	(64%) 512,000,000
개시결정	2022-04-25(임의경매)	채권자	(주)태○○○○○○○○○	매각가	(68%) 541,555,500

정렬보기 ▼ 오늘: 1 누적: 427 평균(2주): 0 차트

구분	매각기일	최저매각가격	결과
1차	2022-10-25	800,000,000	유찰
3차	2023-01-04	512,000,000	

매각 541,555,500원 (67.69%) / 입찰 2명 / ○○○ ○○○○
(2위금액 532,999,000원)
매각결정기일 : 2023-01-11 - 매각허가결정
지급기한 : 2023-02-20
납부 : 2023-02-07
배당기일 : 2023-03-23
배당종결 : 2023-03-23

[전경도] 건물전경   [전경도] 공동출입문
1 / 10

집주인 **럭키 1동**
매매 7억 5,000
아파트 · 111/84㎡, 3/15층, 남향
올수리 방3화2 입주협의

현대공인 | 부동산114 제공

확인 24.08.24.   네이버에서 보기 >

집주인 **럭키 1동**
매매 7억 5,000
아파트 · 111/84㎡, 4/15층, 남향
25년이상 올수리 역세권 방세개

확인 24.08.20.   중개사 2곳 ∨

출처: 탱크옥션, 네이버 부동산

성공하더라도 경매로 산 사람보다 1억 원이나 비싸게 산 셈이다. 게다가 이 물건은 권리 분석상 하자가 전혀 없는 매우 쉬운 물건이었다. 경매의 기초 지식만 있어도 1분 안에 해당 물건에 문제가 없다는 걸 알 수 있었다. 무주택자 기준으로 85% 대출을 받으면 약 1억 2천만 원의 종잣돈으로 시작할 수 있는 상황이었다. 이 아파트는 2024년 3분기 기준으로 약 7억 원 후반대의 시세를 기록하고 있다.

또 다른 예로 구로구에 있는 아파트의 낙찰 사례를 보자. 많은 사람이 서울 외곽 지역인 '노도강(노원구·도봉구·강북구)', '금관구(금천구·관악구·구로구)' 지역의 투자를 경고하지만, 타이밍에 맞춰 경매를 활용하면 좋은 수익을 낼 수 있다. 이 물건은 당시 시세보다 약 1억 3천만 원 정도 저렴하게 낙찰받았다. 경매에 입찰한 사람은 단두 명이었다. 만약 85% 대출을 받았다면 약 1억 원 정도의 실투자금으로 투자할 수 있었다. 이 아파트는 7억 원 중반의 시세를 기록하며, 수익률은 이미 200%에 달했다.

마지막으로 지방 아파트의 낙찰 사례를 보자. 한 수강생이 낙찰받은 이 물건은 당시 시세가 약 2억 8천만 원이었고, 낙찰가는 2억 500만 원이었다. 시세 대비 약 7천 500만 원 저렴하게 낙찰받았고, 입찰자는 단 두 명뿐이었다. 무주택자 기준으로 85% 대출을 받으면 약 3천만 원 정도의 실투자금으로 시작할 수 있었다. 수익률은 세전 100%를 넘었다. 현재 시세가 약간 하락해 2억 6,500만 원 정도지만, 향후 가격 회복 추세를 감안하면 여전히 좋은 투자로 이어질 가능성이 높다.

결국 실거주자나 투자자 모두 자신이 낙찰받는 지역의 부동산 가격 흐름을 미리 판단해야 한다. 이는 투자 성패를 가르는 핵심 요소이며, 책 후반부에서 더 자세히 다루도록 하겠다.

잔금과 동시에 매도하다

...

부동산은 금액대가 높아 환금성이 다른 자산에 비해 낮지만, 그럼에도 거래가 잘 되는 아파트들이 있다. 그렇기에 매매사업자를 통한 단기 매도 투자를 고려할 수 있다. 나 역시 잔금을 치르자마자 매도한 사례가 여러 번 있는데, 그중 두 가지를 소개하려 한다.

첫 번째 사례는 부동산 시장이 과열되면서 경매로 낙찰받기가 점점 어려워지고 있었을 때였다. 당시 여러 곳에 분산 투자한 상황이라 투자금이 많지 않았다. 그래서 도심에서 멀리 떨어진 지역의 20평대 아파트를 낙찰받았다. 시세는 1억 원대 초반이었고, 신건(처음으로 입찰에 부쳐지는 건)이라 경쟁이 덜할 것 같아 입찰을 결정했다. 임차인이 있었지만 대항력이 없었기 때문에 낙찰받는 데 문제가 없었다. 입찰자는 나를 포함해 단 두 명이었고, 시세 대비 약 2천만 원 정도 저렴하게 낙찰받았다. 2등 입찰자와의 차이는 약 400만 원에 불과했다. 낙찰받는 일에 익숙해졌지만, 그 순간의 긴장감은 여전했다.

낙찰 후 법원을 나와 차를 타고 가던 중, 갑자기 누군가 내 차 앞을 막아섰다. 30대 초반으로 보이는 젊은 남성과 50대 서류 가방을 든 남성이었다. 대뜸 "2019타경XXXX 사건 낙찰받으신 분이죠?"라며 나에게 말을 걸었다. 그들은 자초지종을 설명하기 시작했다. 젊은 남성은 나에게 밀려 패찰했으며, 아버지 명의로 된 집에 임차인을 설정해 경쟁자를 줄이려 했던 것이었다. 옆에 있던 50대 남성은 입찰을 도와주던 법무사였다.

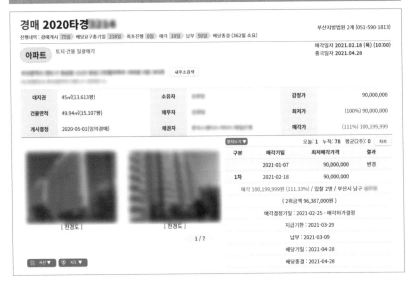

그들이 원하는 것은 명백했다. 젊은 남성이 다시 그 아파트를 매수하고 싶다고 말했다. 잔금도 받기 전인데 매수 의사를 밝히니 기분이 좋았지만, 나는 포커페이스를 유지했다. 다시 사려면 얼마를 줄 수 있냐고 물었고, 서로 고민하고 연락하기로 하고 연락처를 주고받았다.

집으로 가는 길에 얼마에 매도하면 서로에게 좋은 거래가 될지 고민했다. 나는 세금 공제 후 약 1천만 원 중반 정도의 수익을 예상하고 있었다. 그만큼 투자금도 적게 든 물건이었다. 잔금을 치르자마자 매도할 수 있다면 더할 나위 없다고 생각했다. 상대방이 이 조건을 받아들일지 고민했지만, 세 차례의 협상 끝에 약 1,100만 원의 수익을 남기고 매도하기로 합의했다. 잔금 납부 후 불과 4일 만에 모든 절차가 끝났다. 실질적으로 2천만 원 정도의 투자금으로, 4일 만에 50% 가까운 수익을 낸 것이다.

공장을 매도하다

...

익숙하지 않고 복잡해 보이는 것들은 진입장벽이 높다. 공장 투자가 그랬다. 하지만 경쟁이 적을수록 더 높은 수익을 낸다는 사실을 깨닫고 나니, 공장 투자는 최적의 투자처로 보였다.

주거용 부동산 가격이 급격히 오르고, 이에 따른 규제도 강화되면서 안전한 투자처를 찾기가 어려워졌다. 특히 이전 정권에서만 20개가 넘는 규제 정책이 쏟아졌고, 대출은 줄고 세금은 늘었다. 이런 상황에서 주거용 부동산은 더 이상 안전한 투자처가 아니라고 판단했다. 그때 NPL(부실채권)과 공장 투자에 눈을 돌리게 되었다. 공장 투자에 대해 처음 알게 된 건 유튜브에서 본 우연한 영상이었다. 우연이라고 했지만 사실 다음 투자처를 찾아야 했기 때문에 내 유튜브 알고리즘은 이미 부동산과 경매 관련 영상들로 가득했다. 그중 공장 투자 관련 영상을 본 순간부터 본격적인 공부를 시작했다. 책, 블로그, 투자 사례 등을 전부 수집해 몇 주간 공부에 몰두했다. 그동안 임장과 입찰을 소홀히 하지는 않았다. 생존을 위한 몸부림이었다.

그러나 공장 투자에 대한 정보는 제한적이었고, 따로 유명한 강

의나 강사도 없었다. 하나씩 퍼즐 조각을 맞추는 듯한 기분이라 오히
려 재미있었다. 진입장벽이 높을수록 경쟁자들도 같은 어려움을 겪
을 것이기 때문이다. 진입장벽이 높은 것이 오히려 나에게는 장점으
로 느껴졌다.

공부를 마치고 실무를 배울 차례였다. 전국에서 공장 거래가 가
장 활발한 경기도권을 중심으로 임장을 다녔다. 화성, 안성, 김포,
광주 등 가리지 않고 발품을 팔았다. 공장을 중개하는 부동산중개업
소는 아파트나 상가를 중개하는 곳과 달리 정보를 쉽게 공개하지 않
았다. 금액대가 크고 물건도 많지 않기 때문에, 정보 제공을 더 꺼리
는 듯했다. 그러나 여기까지 온 이상 헛수고로 만들 수 없다는 생각
에 집요하게 파고들었다. 처음에는 공장에 대한 지식이 10 정도였지
만, 수십 군데의 공장을 다니다 보니 30, 50, 70으로 점점 늘어갔다.
공장을 보는 눈이 생겼다.

화성과 김포 일대의 공장 매매가는 땅값이 올라 경매로 낙찰받아
도 마진이 크지 않았다. 경쟁이 꽤 있었고, 이미 땅값이 매년 10%씩
오르고 있었기에 리스크를 고려해 지방으로 눈을 돌렸다. 지방에 투
자하는 것이 생소하게 느껴질 수 있지만, 나는 편견이 없었다. 시세
와 낙찰 금액을 분석하니, 내가 원하는 안전마진을 확보할 수 있었
다. 지방에 사는 것이 오히려 행운이었다.

결국 중요한 것은 매수자와 매도자가 생각하는 가격이 맞아떨어
지는지다. 그 거래가 성사될 확률이 높다고 판단되면 투자할 가치가
있는 것이다. 나는 대구, 경북, 경남, 울산, 부산 등 지방의 공장 경매

나는 청약 통장을 버리고 경매로 건물주가 되었다

물건들을 보러 다녔고, 마침내 마음에 드는 물건을 수억 원 저렴하게 낙찰받았다. 이후 추가로 한 건을 더 낙찰받았고, 10개월이 안 되어 두 건 모두 매도했다. 이 경험을 통해 새로운 부동산 투자종목에 대한 두려움도 사라졌다.

본질은 같다. 어려워 보이지만 결국 부동산 투자의 핵심은 변하지 않는다.

상승이든 하락이든 지금이 시작할 때다

하락장에서 시장을 떠나면 생기는 무서운 일

...

첫 투자 후 투자금이 소진되어 잠시 부동산 투자에 소홀했던 적이 있다. 지나고 보니 그때가 투자의 적기였고, 더 적은 금액으로도 몇 배 이상의 수익을 낼 수 있었다. 시장에 계속 머물러야 한다는 것을 뼈저리게 깨달은 순간이었다.

2021~2022년에는 뒤늦게 부동산 투자에 뛰어든 '부린이'들이 많았다. 집값이 급등하자 불안한 마음에 영끌(영혼까지 끌어모아 투자)로 매수한 사람들이 늘었고, 2023년 급격한 금리 인상으로 부동산 매매가와 전세가가 함께 하락하면서 많은 이가 어려움을 겪었다. 몇

몇 강사들의 추천으로 무분별하게 투자한 사람들도 역전세 문제로 고민했다. 평범한 직장인이었던 수강생도 감당하기 어려운 금액을 내야 하는 상황이었다. 이러한 사례가 많아 놀랐다.

특히 높아진 대출 이자로 여기저기서 어려움을 호소하는 상황이다. 이런 시기에는 시장에서 사라지는 사람들이 많다. 부동산으로 돈을 버는 건 불가능하다고 생각하기 때문이다. 하지만 2022~2023년에 일어났던 부동산 하락은 이례적이었다. IMF 이후 가장 큰 하락폭이었으니, 일반적인 상황이 아니었다. 지금 당장 투자할 금액도 없고 심리적으로도 힘들겠지만, 이럴 때일수록 시장에 더 붙어 있어야 한다. 하락장의 고통을 견디면 자산이 퀀텀점프할 기회가 온다는 것을 믿어야 한다. 위기 속에서 큰 부자들이 탄생한다. 오래된 부동산 투자자들은 이러한 하락장을 기회로 보고 더 싸게 좋은 물건을 사기 위해 움직였다.

그리고 2024년 하반기에 이르러 강남, 서초, 송파를 포함한 서울 대부분 아파트는 불과 1년도 안 되어 이전 최고점을 넘었다. 30~40% 하락했던 금액이 모두 회복된 것이다. 지방도 마찬가지다. 지방 광역시의 주요 아파트 역시 전고점을 회복했거나 거의 다다랐다. 물론 구축이나 입지가 떨어지는 곳은 시간이 더 필요하지만, 큰 흐름은 변하지 않았다.

2023년까지 부동산 시장 분위기는 암울했다. 대부분 사람은 더 나쁜 상황을 기다리고 있었다. 하지만 그것은 일반 사람들의 생각일 뿐이다. 투자자들은 그 안에서 기회를 찾았다. 그런 마음가짐으로 시장을 보고 물건을 찾아야 한다. 그래야 기회가 온다. 시장에서 멀어지면 그동안 공부하고 임장했던 시간들이 모두 헛된 것이 된다. 몇 년 전 경매 수업을 듣고 다시 찾아오는 수강생들이 있다. 그들은 그때 열심히 했더라면 지금보다 훨씬 큰돈을 벌었을 것이라고 후회한다.

부동산 투자를 한 번이라도 하거나 할 예정인 독자는 이미 강력한 투자 무기를 가지고 있다. 우리나라에서 부동산은 가장 안전하면서도 비교적 높은 수익률을 낼 수 있는 자산이다. 그러니 자신이 산 부동산 가격이 하락했다고 낙담만 할 필요는 없다. 다음 투자를 위해 어떻게 보완하고 일어설지 생각해야 한다. 2022~2023년 같은 하락장에서 시장을 떠나 다시 상승장이 올 때 관심을 가지면, 이전과 같은 투자만 반복하게 될 것이다. 이는 원칙도 기준도 없는 투기일 뿐이며, 이런 식의 투자는 인생을 바꾸지 못한다.

하락장에도 사람들은 시장을 떠나지 않는다. 오히려 부동산 커뮤니티나 오픈채팅방에서는 기회를 엿보는 사람들이 많다. 시장에 계속 머물며 공부하고 임장을 다녀야 한다. 상승장일 때는 중개사무소에 가도 크게 환영받지 못할 것이다. 워낙 투자자들이 많고, 찔러보기식으로 돌아다니는 사람들도 많기 때문이다. 그러나 하락장일 때는 다르다. 중개사무소에 가면 소장님에게 지역 부동산 상황에 대한 유료 강의급 브리핑을 받을 수 있다. 시장이 좋지 않을 때 공부해야 상승장이 왔을 때 더 큰 돈을 벌 수 있다. 꾸준히 시장에 머물며 투자에 힘쓰길 바란다.

경매 투자는 하락장에서 더 큰 수익이 난다?

...

부동산 경매 시장은 부동산 심리를 반영하는 바로미터다. 주식 시장이 선행하고 일반적인 부동산 시장이 후행한다면, 그 중간 역할을 하는 것이 바로 경매 시장이다. 하락장이 오고 시장 심리가 위축되면 경매장에 몰리던 사람들은 사라지고, 그만큼 수익이 커진다.

코로나19 팬데믹 동안 어떤 기업은 도산했지만 다른 어떤 기업은 폭발적인 성장을 이루었다. 위기는 누군가에겐 기회였던 것이다. 2022년 상반기 이후 부동산 가격이 급락하면서 많은 사람이 위기를 맞았지만, 그 위기가 기회로 바뀌는 곳이 바로 부동산 경매 시장이다. 2021년처럼 부동산 가격이 상승하던 시기에 서울의 아파트를 낙찰받으려면 시세에 근접하거나 더 비싸게 낙찰받는 경우가 많았다. 경매 법정은 투자자들로 붐볐고, 지방도 상황은 비슷했다. 이 시기에 경매를 공부한 사람들은 "경매로 돈 버는 시대는 끝났다."라고 입을 모았다. 부동산 가격이 떨어질 때 나오는 "이제 부동산으로 돈 벌기는 끝났다."라는 말과 결이 같다.

물론 그때는 주거용 부동산의 마진이 적은 것이 사실이었다. 권리분석이 필요 없는 물건은 쉽지만 마진이 적었다. 하지만 하락장에서는 상황이 다르다. 대부분 사람들이 부동산 가격이 크게 하락했음에도 불구하고, 더 떨어질까봐 걱정한다. 그래서 2022년 서울은 역대급 최저 거래량을 기록한 달이 여러 번 있었다(반면 2024년에는 4년 만에 최고 거래량을 기록하기도 했다). 이러한 심리는 경매장에도 그대로 나타났다. 한때 직업과 나이에 상관없이 붐볐던 경매 법정은 2023년에는 한산해졌다. 이때가 바로 기회다. 이미 하락한 시세에서 1억~2억 원씩 더 저렴하게 낙찰받는 것이 당연한 상황이 되었다.

단 1년도 지나지 않아 경매 시장에는 보물 같은 기회가 생겼다. 경매 물건의 금액대에 따라 다르지만, 권리분석이 복잡하지 않은 단순한 물건을 기준으로 이야기하는 것이다. 한 가지 분명한 점은 시장이 반등하기 시작하면 다시 또 낙찰가는 치열해진다. 그 말은 현재 시장이 반등하지 않는 곳을 살펴보면 된다. 시장이 다시 반등하면, 사람들이 다시 경매장에 몰리기 시작하고, 낙찰가는 당연히 올라갈 것이다.

"더 떨어지면 어떻게 하느냐?"라는 질문을 종종 받는다. 더 하락하더라도 이미 최저점에서 크게 차이가 나지 않는다면 안전하다고 판단하고, 시장이 반등할 때까지 기다리는 것이다. 이 방식은 나의 투자 기준 중 하나로 굳이 따라 할 필요는 없다. 또한 시세 등락이 크지 않은 구축 아파트를 경매로 싸게 낙찰받으면 안전마진을 어느 정도 확보할 수 있다.

이러한 판단을 위해서는 과거 시장의 흐름을 살펴보는 것이 필요하다. 이는 공부하는 마음으로 꼭 확인해보기를 권한다. 결국 누군가는 하락장에서 시장을 떠나고 자포자기할 것이다. 반면 누군가는 이런 반등하지 않은 상황을 기회로 여기며 경매 투자를 공부하고 낙찰을 받고 있다. 몇 년 후, 이 두 부류의 사람들이 얼마나 다른 결과를 맞이할지는 각자의 상상에 맡긴다. 이전 상승장을 기억한다면 그 차이를 쉽게 알 수 있을 것이다.

시세를 알아야 기회를 잡을 수 있다

...

부동산이 지금 싼지 비싼지를 판단하려면 현재 시세를 정확히 알고 있어야 한다. 그러니 평소에 공부가 되어 있어야 한다. 한 가지 더 알아야 할 점은 시세를 알고 기회를 잡을 수 있는 경우가 흔치 않다는 것이다.

지난 상승장에서 많은 사람이 후회하며 자조 섞인 말을 했다. "비트코인 4천만 원 할 때 살걸." "코로나19 한 번 더 오면 주식에 전 재산을 걸겠다." "부동산, 떨어지기만 해봐." 같은 말들이다. 그러나 정작 비트코인이 4천만 원대에 왔을 때 주변에서 산 사람은 드물다. 부동산 가격이 30~50% 떨어졌을 때도 자신 있게 매수한 사람은 거의 없었다. 그런데 이제 수도권 아파트 가격이 다시 회복하자 관심을 가지기 시작한다. 물론 지금 가격이 몇 년 후를 내다보면 비싸다고는 단정할 수 없다.

하지만 아쉬운 것은 남들이 관심을 덜 가질 때 미리 공부하고 싸게 샀다면 훨씬 더 큰 수익을 낼 수 있다는 점이다. 그런 관점에서 보면 미리 준비된 투자나 매수는 높은 확률로 수익을 얻을 수 있다.

왜 이렇게 하지 못할까? 가장 큰 원인은 투자의 기준이 없기 때문이다. 더 나아가 실제로 투자하고자 하는 마음의 준비가 되지 않았기 때문에 행동으로 이어지지 않는다. 인간은 지금 당장 직접적으로 이익이 되거나 손실을 입는 것이 아니라면 행동을 취하기 어렵다. 내가 월세나 전세로 살고 있다면, 다음 계약 시점까지는 월세 시세나 아파트 가격이 오른 뉴스를 보더라도 아무런 행동을 하지 않는 것이다. 하지만 실제로 계약해야 할 때 시세가 오른 것을 보면 비로소 실감하게 된다.

실제로 돈이 필요해지고 나서야 두려움이 생긴다. 주변 동료들이 아파트를 사서 큰 수익을 냈다는 이야기가 들려오면, 그때야 뭘 해야 할지 찾아 나선다. 이 정도면 그나마 다행이다. 결국 위기감을 빨리 느끼거나 기회를 볼 수 있는 준비가 되어 있지 않으면 부동산 매수는 쉽지 않다.

결론적으로 내가 투자할 준비가 되어 있어야 한다. 마음의 준비, 행동의 준비, 그리고 배울 준비가 필요하다. 그렇지 않으면 기회가 와도 알아차리지 못해, 남들보다 늦게 시작하거나 잘못된 방향으로 갈 수 있다. 잘못된 방향으로 가면 시작하지 않은 것보다 나쁠 수 있다.

그러기 위해서는 제대로 된 시세를 알아야 한다. 내가 처음부터 빌라나 오피스텔보다 아파트를 추천하는 이유가 있다. 부동산 초보자들은 시세 조사를 처음에 제대로 하기가 어렵기 때문이다. 부동산 중개업소 소장의 말에 휘둘리기 쉽고, 지식과 경험이 부족하다. 그래서 나는 아파트를 먼저 투자하고 나서 빌라나 오피스텔에 도전하라고 권한다. 실패 확률을 줄이기 위해서다.

시세 조사를 제대로 하지 않고 투자하는 사람들이 많다. 경매에서 높은 가격에 낙찰되는 물건 중 절반 이상은 시세 조사가 잘못된 것들이다. 아파트는 시세 조사 난이도가 가장 평이하지만, 초보자들에겐 꼭 그렇지 않다. 주식처럼 숫자로 실시간 시세를 확인할 수 없으니, 직접 손품과 발품을 팔아야 한다. 구체적인 시세 조사 방법은 이 책의 뒷부분에서 다루겠다.

2장

쉬운 것부터 시작하는
경매

부동산 경매,
쉬운 것부터 합시다

부동산 경매, 정말 쉬울까?

...

부동산의 종류는 수십 가지고, 경매의 종류도 마찬가지다. 아파트, 빌라는 물론 상가주택, 공장, 창고, 주유소, 교회 등 다양한 부동산이 경매에 나온다. 그에 따른 투자 난이도도 천차만별이다. 하지만 말했다시피 초보자라면 가장 쉬운 아파트 경매부터 시작하는 것이 좋다.

경매를 처음 배우려는 사람들에게 전해주고 싶은 말이 있다. 경매는 절대 어렵지 않다. 이 사실을 계속 강조하는 이유는 부동산 경매에 대한 고정관념 때문이다. 많은 사람이 경매는 어렵다고 생각한다. 왜 그렇게 생각하는지 물어보면, 경매를 하려면 많은 이론을 알아야 하고, 그렇지 않으면 경매에서 실패할 것 같기 때문이라고 답한다.

이 말은 반은 맞고 반은 틀리다. 나 역시 처음에는 무엇이 중요하고 덜 중요한지 몰라서, 실전에서 필요하지 않은 지식들만 잔뜩 공부했다. 하지만 중요한 것은 경매를 공부할 때는 실전에서 필요한 지식만 익히면 된다는 것이다. 대부분 아파트 경매 물건은 권리분석 난이도가 '하'에 가깝다. 그런데 경매를 배우려는 사람들은 '상'의 경매 물건만 있다고 생각하는 경향이 있다.

경매 용어가 처음에는 낯설겠지만, 책 한 권을 읽고 며칠간 부대끼면 금방 적응할 수 있다. 이 책을 읽고 있는 여러분이 걱정하는 고난도 경매는 향후 몇 년 동안 손을 댈 일이 거의 없다. 3초 만에 끝나는 권리분석의 아파트 경매로 기본기를 다지면 충분하기 때문이다.

그래서 나는 경매가 쉽다고 자신 있게 말할 수 있다. 실제로 수강생 중 몇몇은 수강 중에 바로 낙찰을 받았고, 투자금 대비 세전 수익률이 100%를 넘는 경우도 있었다. 법원에 처음 가본 수강생도 있었다. 지금은 아파트가 아닌 다른 부동산 경매에 도전 중이며, 이 책이 나올 때쯤이면 더 성장해 있을 것이다.

권리관계가 복잡한 유치권, 법정지상권, 가처분 등이 있는 물건은 입찰하지 않으면 그만이다. 그러니 경매가 어렵다는 선입견을 버리고, 쉬운 것부터 시작해보자.

경매를 어렵게 만드는 선입견 1_권리분석

...

낙찰자가 인수해야 할 부분을 미리 파악하지 못하거나, 유치권, 법정지상권 등의 특수 권리를 해결하지 못해 실패하는 경우는 이 책을 읽는 독자들에게는 거의 일어나지 않을 것이다. 왜냐하면 그런 물건을 피해서 입찰하면 되기 때문이다.

유튜브나 책에서는 특수물건을 해결해 큰돈을 버는 경매 고수들이 소개되곤 한다. 그 모습을 동경하지만, 동시에 큰 벽을 느낄 수 있다. '나는 저렇게 못 할 것 같은데.' '저러다 실수하면 망하는 거 아닐까.'라는 생각이 들 수 있다. 맞는 말이다. 이제 막 경매를 배우고 몇 번의 입찰을 시도해본 초보자들은 나중에 실력을 키워서 그런 물건에 도전하면 된다.

지금 중요한 것은 나의 수준에 맞는 목표를 먼저 이루어보는 것이다. 초보자들은 권리분석이 거의 필요 없는 물건에 입찰해 낙찰받는 것을 목표로 하면 된다. 그런 물건이 많지 않으리라 생각할 수도 있지만, 사실 그렇지 않다. 경매 물건의 80% 이상이 권리분석이 금방 끝나는 물건이다. 나머지 20%의 물건은 경매 실력이 늘어났을 때 도전하면 된다. 우선은 80%의 쉬운 물건에 입찰하는 것으로 시작해보자.

다음 페이지의 첫 번째 목록을 보자. 내가 사용하는 경매 사이트에서 서울 아파트 입찰 물건 목록을 임의로 뽑아왔다. 화면에 권리분석상 문제가 있는 물건은 빨간 글씨로 표시된다. 그러나 목록의 물건

	아파트				
	2023-124080 서울 영등포구 영등포동 647, 제201동 제23층 ▨▨▨ (영등포동, 영등포푸르지오) 외 1필지 (서울 영등포구 도신로29길 28) 건물 79.777㎡(24.133평), 대지권 40.7528㎡(12.328평) 토지·건물 일괄매각	1,044,000,000 1,044,000,000	신건 (100%)	서울남부13계 24.09.13 (10:00) 입찰 6일전	111
	2024-198 서울 강서구 방화동 579, 제105동 제8층 ▨▨▨ (방화동, 마곡 현진해모로) 외 3필지 (서울 강서구 양천로24가길 59) 건물 84.97㎡(25.703평), 대지권 41.24㎡(12.475평) 토지·건물 일괄매각	760,000,000 760,000,000	신건 (100%)	서울남부13계 24.09.13 (10:00) 입찰 6일전	72
	2024-358 서울 양천구 신정동 339, 제9층 ▨▨▨ (신정동, 파인빌) (서울 양천구 신목로12길 17) 건물 51.9202㎡(15.706평), 대지권 22.56㎡(6.824평) 토지·건물 일괄매각	679,000,000 679,000,000	신건 (100%)	서울남부13계 24.09.13 (10:00) 입찰 6일전	51
	2022-2555 서울 광진구 자양동 227-7, 에이동 44층▨▨▨ (자양동,더샵스타시티) 외 6필지 (서울 광진구 아차산로 262) 건물 163.53㎡(49.468평), 대지권 35.573㎡(10.761평) 토지·건물 일괄매각	2,670,000,000 2,670,000,000	신건 (100%)	서울동부2계 24.09.23 (10:00) 입찰 16일전	167
	2023-3067 서울 송파구 오금동 43, 28동 11층▨▨▨ 외 1필지 (서울 송파구 오금로35길 17) 건물 170.32㎡(51.522평), 대지권 102.1322㎡(30.895평) 토지·건물 일괄매각	2,070,000,000 2,070,000,000	신건 (100%)	서울동부2계 24.09.23 (10:00) 입찰 16일전	56
	2023-53376 서울 성동구 성수동1가 708, 101동 9층▨▨▨ (성수동1가,성수동아그린아파트) 외 1필지 (서울 성동구 상원길 76) 건물 58.32㎡(17.642평), 대지권 24.16㎡(7.308평) 토지·건물 일괄매각	1,010,000,000 808,000,000	유찰 1회 (80%)	서울동부2계 24.09.23 (10:00) 입찰 16일전	611

출처: 탱크옥션

들은 등기부등본을 한 번 더 확인할 필요는 있겠지만, 3초 만에 권리분석이 끝날 수 있는 문제없는 물건들이다.

두 번째 목록을 보면 중간에 '2023타경5199' 사건처럼 권리분석이 조금 더 필요한 물건들도 있다. 실제로 문제가 있는지는 분석해보면 알 수 있지만, 배우는 단계에서는 이런 물건을 건너뛰고 쉬운 물건부터 입찰하는 것이 좋다.

	물건 정보	감정가/최저가	법원/일정	조회
	아파트 2023-3717 서울 은평구 진관동 13, 708동 7층 (진관동, 은평뉴타운 상림마을) (서울 은평구 진관4로 47) 건물 134.91㎡(40.81평) / 이동기감정가격포함 토지·건물 일괄매각 경매 2021-05882-001 (감정: 1,134,000,000 / 최저: 680,400,000 / 낙찰)	1,120,000,000 유찰 1회 896,000,000 (80%)	서울서부3계 24.09.24 (10:00) 입찰 17일전	175
	아파트 2023-4400 서울 성북구 정릉동 1030, 201동 19층 (정릉동,정릉힐스테이트1차) (서울 성북구 북악산로 831) 건물 84.823㎡(25.659평), 대지권 42.65㎡(12.902평) 토지·건물 일괄매각	790,000,000 유찰 1회 632,000,000 (80%)	서울북부2계 24.09.24 (10:00) 입찰 17일전	175
	아파트 2023-4530 서울 중랑구 면목동 1510, 202동 9층 (면목동,면목두산아파트) (서울 중랑구 면목로2길 58) 건물 84.77㎡(25.643평), 대지권 23.117㎡(6.993평) 토지·건물 일괄매각	728,000,000 유찰 1회 582,400,000 (80%)	서울북부1계 24.09.24 (10:00) 입찰 17일전	284
	아파트 2023-5199 서울 동대문구 창안동 416-1, 11층 (창안동,에스아이팰리스창안센텀) (서울 동대문구 천천로2길 84) 건물 23.381㎡(7.073평), 대지권 5.067㎡(1.533평) 토지·건물 일괄매각 임차권등기,대항력 없는 임차인	372,000,000 유찰 1회 297,600,000 (80%)	서울북부1계 24.09.24 (10:00) 입찰 17일전	159
	아파트 2023-5823 서울 노원구 하계동 353, 101동 11층 (하계동,무방아파트) (서울 노원구 공룡로58길 176) 건물 59.74㎡(18.071평), 대지권 17.57㎡(5.315평) 토지·건물 일괄매각	537,000,000 신건 537,000,000 (100%)	서울북부1계 24.09.24 (10:00) 입찰 17일전	20
	아파트 2023-6229 서울 구로구 구로동 110-9, 제3층 (구로동, 무원그린빌아파트) (서울 구로구 구로중앙로28다길 22) 건물 84.206㎡(25.472평), 대지권 14.33㎡(4.335평) 토지·건물 일괄매각	540,000,000 신건 540,000,000 (100%)	서울남부9계 24.09.24 (10:00) 입찰 17일전	11

출처: 탱크옥션

경매를 어렵게 만드는 선입견 2_명도

명도의 개념은 간단히 말하면, 해당 부동산을 점유하거나 거주하는 사람(전소유자, 임차인 등)을 내보내는 과정을 의미한다. 이 과정에서 점유자나 임차인과의 갈등 상황이 자극적으로 영상에 노출되는 경우가 많아 경매 투자를 주저하게 되는 원인 중 하나가 된다.

유튜브에서 '경매 명도'를 검색하면 조회수가 높은 영상들을 한 번 보자. 실제로 명도를 진행하면서 이런 상황들이 발생할 수 있지

유튜브 '경매 명도' 검색 시 보이는 영상

출처: 유튜브

만, 그 가능성은 매우 희박하다. 그렇기에 이러한 콘텐츠들이 조회수가 높은 것이다. 평범한 사례였다면 조회수가 낮거나 콘텐츠로서의 가치가 떨어졌을 것이다. 마치 뉴스에서 평범한 30대 남자가 러닝을 하다 무릎이 살짝 까졌다는 내용이 보도되지 않는 것과 같은 이치다.

따라서 경매로 낙찰받은 독자들도 이런 상황을 겪을 확률은 1%도 되지 않을 것이다. 만약 발생하더라도 주거용 부동산에서는 충분히 협상할 수 있다. 감정적으로만 접근하지 않는다면 서로에게 유리한 방향으로 마무리할 수 있다. 명도를 통한 협상 방법에 대해서는 뒷부분에서 구체적으로 설명할 것이다.

내가 이렇게 자신 있게 말할 수 있는 이유는 40건이 넘는 낙찰을 진행하면서 명도로 인해 속을 썩였던 경험이 단 한 건밖에 없었기 때문이다. 그 한 건도 결국 마지막에는 고맙다는 말을 들으며 마무리했다. 요즘에는 명도 대상자인 전 소유자나 임차인들도 경매가 시작되면 바로 법무사 등을 통해 어떻게 해야 하는지 답을 얻는다. 대부분은 이사 기간과 이사비를 협의하는 것이 가장 좋다는 조언을 받기 때문에 명도의 난도는 오히려 낮다.

명도의 난도가 높아지는 것은 특수물건, 예를 들어 유치권 등이 걸린 경우다. 공사업자가 공사를 하고 대금을 받지 못해 유치권을 주장하는 경우가 있을 수 있다. 이런 경우에는 낙찰받기 전부터 임장 시 분위기가 험악하고, 소송까지 가야 할 수도 있다. 당연히 명도의 난도가 높다.

또 상가를 낙찰받았는데 임차인이 리모델링이나 인테리어에 많은 돈을 쓴 경우에도 명도가 쉽지 않다. 경매로 낙찰받으면 권리금을 따로 지급하지 않아도 되지만, 많은 돈을 쓴 임차인은 쉽게 나가려 하지 않을 것이다.

이렇게 명도가 쉽지 않은 경우도 있다. 하지만 우리가 집중해야 할 것은 권리분석상 하자가 없는 아주 쉬운 아파트를 먼저 낙찰받자는 것이다. 이사비와 이사 기간만 협의하면 간단히 끝난다. 지금부터 말하는 쉬운 물건을 낙찰받으면, 명도가 이렇게 쉬울 수 있나 하고 느끼게 될 것이다.

그래서 경매는 무엇일까?

경매의 A to Z

...

경매를 이해하려면 세 주체를 기억하면 된다. 채권자(돈을 받아야 하는 사람), 채무자(돈을 갚아야 하는 사람), 그리고 법원(경매를 진행)이다. 채무자가 돈을 갚지 못하면 담보로 잡힌 부동산이 법원의 진행하에 경매 물건으로 나오고, 우리는 그 물건을 시세보다 저렴하게 사기 위해 입찰하는 것이다.

아직도 경매를 부정적으로 보는 사람들이 있다. 경매를 통해 잘 살고 있는 사람들을 강제로 내쫓는 나쁜 사람으로 보는 경우다. 이는 오래된 드라마나 영화에서 부정적으로 그려진 영향일 수 있다. 그러나 경매를 선악의 문제로 나눌 수는 없다. 사실을 보자면, 경매는 돈을 갚지 못한 사람의 부동산을 법원에서 경매로 처리해, 빌려준 돈을 돌려받으려는 채권자가 있기 때문에 진행되는 것이다. 만약 내가 돈을 빌려줬는데 돌려받지 못했다면, 나 역시 경매를 통해 내 돈을 돌려받고자 할 것이다. 만약 경매를 통해 빌려준 돈을 전부 돌려받지 못한다면(낙찰가가 빌려준 돈보다 낮으면), 이는 사회적 비용과 문제를 일으킬 수 있다. 이런 문제를 해결하는 것이 바로 경매의 순기능이다. 또한 낙찰자는 점유자에게 법적으로 지급 의무가 없는 이사비까지 챙겨주는 것이 일반적이다. 일단 경매에 대한 부정적 선입견에서 벗어나자.

경매의 가장 큰 장점은 시세보다 저렴하게 부동산을 취득할 수 있다는 것이다. 예를 들어 시세가 3억 원인 아파트를 누군가는 부동산을 통해 3억 원에 사지만, 경매를 아는 사람은 최소 3천만 원 이상 저렴하게 낙찰받으려 한다. 그리고 그 이상의 안전마진을 남길 수 있는 것이 경매의 매력이다.

특히 하락장에서는 경쟁이 적어 낙찰받기가 더 수월하다. 2023년에는 특례보금자리론 출시로 인해 일부 지역에서 급매물이 소진되며 잠시 낙찰가가 상승하기도 했지만, 결국 다시 하락세로 돌아섰다. 이런 현상에서 볼 수 있듯, 시장이 좋지 않을 때 경매를 통해 더 큰 마진을 얻을 수 있다.

왜 하락장에서 경매가 유리할까? 하락장에서는 대부분 사람들이 법원에서 경매를 통해 부동산을 낙찰받을 생각을 하지 못하기 때문이다. 부동산 매수 심리와 경매는 밀접하게 연결되어 있고, 부동산 심리가 안 좋을 때 경매는 훨씬 유리해진다.

예를 들어 5억 원 하던 아파트가 3억 5천만 원으로 떨어졌다고 가정하자. 이미 하락한 상태에서 더 떨어질지 아니면 다시 오를지 생각해보면 된다. 만약 이 아파트를 3억 5천만 원에 사는 것이 아니라 경매로 3억 원에 낙찰받았다면 더 하락하더라도 충분히 기다릴 여유가 생긴다.

실제로 2022년 하반기부터 2023년 하반기까지 이러한 기회를 활용해 수억 원의 차익을 낸 사람들이 많다. 투자의 고수는 멀리 있지 않다. 바로 내가 될 수도 있다. 다만 어떤 타이밍에 어떤 지역의 부동산을 어떤 방식으로 살지에 대한 충분한 고민이 필요하다.

물론 이런 안전해 보이는 투자도 마인드 세팅이 되어 있지 않거나 본인만의 투자 원칙이 약하면 실패할 수 있다. 그러나 경매는 일반 부동산 투자보다 훨씬 안전한 위치에서 투자할 수 있다. 이를 꼭 기억하자.

경매를 지금 당장 배워야 하는 이유

...

앞에서도 이야기했지만 경매는 지금 당장 배워야 한다. 첫 번째 이유는 경매는 한 번 배워두면 평생 안정적으로 활용할 수 있다는 점이다. 두 번째 이유는 안전마진을 확보해 안정적인 투자가 가능하고, 원금 보장 확률이 높다는 것이다. 세 번째 이유는 레버리지를 더 많이 활용할 수 있다는 점이다.

나는 주변 지인들에게 부동산 경매를 하루라도 빨리 배우라고 자주 말한다. 물론 배우는 사람은 극히 일부다. 그럼에도 불구하고 재촉하는 이유는 간단하다. 딱 한 번만 배워두면 평생 써먹을 수 있기 때문이다. 법원에 갈 두 발만 있다면, 경매는 많은 시간이 필요하지 않다. 특히 내가 말하는 쉬운 경매는 짧은 시간 안에 학습해 실전에 참여할 수 있다. 불필요한 용어와 개념을 덜어내고 핵심만 익히면 된다.

한 번 배워서 1년에 한 건만 낙찰받아도 웬만한 직장인 연봉을 벌수 있을 것이다. 몇 건씩 낙찰받는 것도 아니고, 딱 한 건만으로도 충분한 수익을 낼 수 있다. 물론 투자금에 따라 다르겠지만, 직장에서의 노력의 1/5만 투자해도 된다. 하루 일과를 마치고 2~3시간만 투자하면 한 달 안에 혼자 입찰할 수 있을 정도로 실력을 쌓을 수 있다. 나도 그렇게 공부했고, 입찰에 성공했다. 할 수 있다고 믿으면 못할 것이 없다.

경매는 내가 낙찰받고 싶은 가격으로 입찰할 수 있기 때문에 다른 투자보다도 안전하다. 생각보다 높은 가격에 다른 사람이 낙찰받았다면 다른 물건을 찾아서 다시 입찰하면 된다. 시세보다 저렴한 가격에 낙찰받으면, 오를 때 수익이 확대되고 하락 상황에서도 버티기 수월하다. 실력을 키워 아파트 외에 상가, 토지, 건물 등에 투자하게 되면, 안전마진 폭은 더 커질 수 있다. 수천만 원이 아닌 수억 원의 마진을 남길 수도 있고, 한 건의 투자로 몇 년 치 수익을 얻을 수 있다. 부동산 경매는 이런 비전을 가지고 배우고 경험하는 것이다. 아파트를 기준으로 기초를 잘 다져야 한다.

투자에서 중요한 것은 수익률이다. 수익률을 극대화할 수 있는 방법이 바로 레버리지를 잘 활용하는 것이다. 경매는 이를 위한 훌륭한 도구다. 주거용 부동산의 대출 규제나 정책에 따라 다르지만, 평균적으로는 일반 매매보다 10% 더 대출이 나온다. 2024년 하반기 기준으로 무주택자는 90%까지 대출이 가능하다. 수익이 확실하다면 시도할 만한 가치가 있다.

대출 금리가 조금 더 높아도 대출 한도를 높여 수익률을 키울 수 있다. 물론 마구잡이로 수익률만 따지면 큰일 나겠지만, 상가의 경우 낙찰가에 따라 최대 90%까지 대출이 나오는 경우도 있다. 비주거용 부동산도 마찬가지다. 나 역시 공장 투자를 할 때 거의 80% 가까운 대출을 받았다. 이렇게 레버리지를 활용해 수익률을 극대화할 수 있다.

물론 지금 투자를 무조건 권장하는 것은 아니지만, 시장이 안정화되면 다양한 투자를 할 때 이런 방식을 활용하면 빠르게 투자금을 늘릴 기회를 만들 수 있다. 이런 이유로 경매를 하루라도 빨리 배워서 평생 활용하라고 말하는 것이다.

나는 청약 통장을 버리고 경매로 건물주가 되었다

경매는 이렇게 배우면 된다

...

쉬운 경매부터 시작하는 것이 중요하다는 점을 거듭 강조하고 있다. 첫 단추를 제대로 끼워야 다음 투자를 이어갈 수 있기 때문이다. 처음부터 어렵게 접근하면 시작도 못 하고 포기하게 된다. 그래서 쉬운 개념을 반복해서 익히고, 습관처럼 모의입찰을 하다 보면 자연스럽게 낙찰 확률이 올라간다.

부동산 경매 학원과 강의를 수없이 들었지만 한 번도 입찰하지 못하거나 낙찰받지 못한 사람들의 공통점이 하나 있었다. 바로 경매를 너무 어렵게 배우고 있다는 사실이다. 물론 그들이 받은 교육 내용을 정확히 알 수는 없지만, 대부분 불필요한 개념에 시간을 쏟고 있었다. 예전에 다른 유명한 부동산 경매 강의를 수강한 한 수강생의 이야기를 들었다. 이 수강생은 부동산과 경매에 대한 전반적인 지식이 뛰어났고, 다른 수강생들보다 빠르게 과제를 수행했다. 질문에도 척척 대답하며, 부동산 투자 경험도 있어 경매에서 돈이 될 만한 물건을 빠르게 잡아냈다. 그래서 나도 그가 빠른 성과를 낼 것이라고 기대했다.

그러나 1년이 지나도 별다른 성과가 없었다. 그 이유는 실행력 부족이었다. 이 수강생은 지식을 습득하는 데 집중했지만, 이를 실제로 실행에 옮기지 못했다. 물론 배움이 주는 성취감은 중요하다. 그러나 부동산 경매는 이론 시험이 아니다. 실전에서 경험하지 않으면 얻을 수 없는 지식들이 있다. 낙찰을 받아야 그 경험이 다음 투자의 동기부여와 원동력이 된다. 나는 이론이 50~60% 정도 채워지면 직접 실행하면서 배우기를 추천한다.

100% 완벽히 알고 투자하려는 사람들이 투자를 하지 못하는 이유는 두 가지다. 첫 번째는 너무 많이 알아서 기회보다 리스크와 변수가 더 많이 보이기 때문이다. 부동산 가격에 영향을 주는 변수는 수십 가지다. 이를 모두 고려하면 평생 한 번도 투자를 못 할 수 있다. 많이 알면 오히려 결정을 미루고 실행을 못 하게 되는 상황이 발생한다.

두 번째는 동기부여와 열정이 소진된 상태다. 오랜 시간 공부만 하다 보면 실행에 옮길 의지가 점점 줄어들고, 그동안의 노력이 헛된 것처럼 느껴진다. 그 사이 누군가는 더 큰 성과를 내고 치고 나갔을 것이다. 이런 상황에서는 자신감이 더 떨어진다. 법원에 가서 입찰을 하고, 패찰도 해보고, 간발의 차이로 낙찰을 받아봐야 한다. 전세, 월세, 매매를 해보고, 점유자와 협상도 직접 해보며, 예상치 못한 비용을 어떻게 줄일지 고민해야 한다. 책과 강의만으로는 이 문제에 대한 해결책을 찾기 어렵다.

경매는
이렇게 진행됩니다

　앞서 이야기한 것처럼 경매에는 세 주체가 있다. 채권자는 채무자에게 빌려준 돈을 받기 위해 법원에 도움을 요청하고, 법원은 채무자의 재산(부동산 등)을 압류해 경매를 진행한다. 경매 기일이 잡히면 낙찰자가 해당 부동산을 낙찰받고, 낙찰된 금액으로 채권자에게 빌려준 돈을 갚아주는 것이 경매의 기본적인 진행 과정이다. 이 과정을 간단한 그림으로 나타내면 다음과 같다.

채무자에게서 빌려준 돈을 받기 위해 법원에 도움을 신청	>	채무자의 재산(부동산 등) 압류 이후 경매 진행

채권자
돈을 빌려준 사람

법원
부동산 경매를 진행

채무자
돈을 빌린 사람

1단계
채무자의 부동산으로
경매 진행

2단계
낙찰자가 해당 부동산을
낙찰받으면 낙찰 금액으로

3단계
채권자에게 돈을
갚아주는 방식

간단히 알아보는 경매 전체 절차

...

경매 절차는 크게 어렵지 않다. 중요한 것은 경매가 어떤 과정을 통해 진행되는지 개념만 익히면 된다는 것이다. 외우기보다 기억이 나지 않으면 필요할 때 참고하면 충분하다.

① **법원의 경매개시결정 및 매각 준비** 법원이 경매를 진행하기로 결정한 후에 감정평가사가 매각 부동산의 가치를 평가

② **배당요구 종기 결정 및 신청** 돈을 받을 채권자들은 법원이 정한 배당 요구 종기일까지 필요서류를 첨부해 배당요구 신청

③ **매각기일(=입찰당일)** 입찰자는 오전 11시 30분(마감시간은 법원마다 상이함)까지 입찰봉투, 기일입찰표, 매수신청보증금봉투를 제출

④ **매각허가결정** 경매 물건에 중대한 하자나 절차상 문제가 없는지 확인, 매각허가결정은 낙찰일로부터 7일

⑤ **잔금 납부와 소유권 이전등기** 낙찰자는 낙찰일로부터 대략 4~5주 뒤에 잔금을 납부하면서 동시에 소유권 이전등기를 함

⑥ **배당** 잔금 납부 이후 약 4주 뒤에 채권자들에게 순위에 따른 배당

이제 경매 절차를 조금 더 자세히 살펴보자. 경매의 세 주체는 채권자, 채무자, 법원이다. 채무자가 채권자의 돈을 갚지 못하면 채권자는 법원에 경매를 신청하고, 채무자의 담보로 잡힌 부동산을 경매에 부치게 된다.

1. 법원의 경매개시결정 및 매각 준비

법원이 경매개시를 결정한다. 이는 전국적으로 이 부동산이 경매로 진행된다고 알리는 것이다. 동시에 진행되는 매각 준비는 감정평가사가 해당 부동산의 객관적인 가격을 책정하고 그 가격이 입찰 시작가(최저매각가격)가 된다. 감정평가사는 객관적으로 부동산의 가치를 평가하는 자격을 지닌 사람이다.

2. 배당요구 종기 결정 및 신청

법원은 종료기일(종기)을 정해 돈을 받을 채권자들에게 신청을 하라고 한다. 배당은 채권자가 돈을 받을 수 있는 절차를 의미하며, 필요한 서류를 첨부해 배당요구종기일까지 신청해야 한다.

3. 매각기일

매각기일은 입찰이 진행되는 날이다. 입찰자들은 경매가 진행되는 법원에 가서 필요한 서류를 제출하고 입찰한다. 서류 제출 마감 시간은 법원마다 다르니, 미리 확인하고 진행해야 한다.

4. 매각허가결정

입찰 후 낙찰을 받았다면, 법원은 7일간 절차상의 문제나 하자를 확인하고 매각허가결정을 내린다. 법원은 낙찰일에 바로 낙찰자 소유로 인정하지 않는데, 첫 번째 이유는 경매 과정에서 법적 절차의 오류가 있는지 확인하기 위해서다. 선순위임차인 등의 중요한 자료가 누락되어 낙찰자가 보증금을 떠안게 되는 상황이 생기거나 경매와 관련된 이해관계인들에게 중요 서류가 전달되지 못하거나 경매가 진행되는 부동산의 중요한 정보가 누락되는 등의 문제가 생길 수 있기 때문이다. 두 번째는 낙찰자가 부동산을 매수할 자격이 있는지, 혹은 중대한 하자가 있는지 확인하기 위해서다. 만약 천재지변이나 화재 등으로 부동산이 훼손되었다면 매각불허가 신청을 할 수 있다.

5. 잔금 납부와 소유권 이전등기

잔금 납부 후 약 4~5주 뒤 잔금을 납부하고, 동시에 소유권 이전등기를 진행한다. 경락잔금대출을 이용하려면 낙찰 직후부터 대출 조건을 알아봐야 한다. 처음 소유권 이전을 진행하는 경우에는 법무사를 통해 안전하게 처리하는 것이 좋다.

6. 배당

마지막 단계는 배당이다. 배당은 낙찰자가 입찰보증금과 잔금을 모두 납부하면, 그 돈을 채권자들에게 나누어 주는 절차다. 채권자들은 채무자에게 받을 돈을 전부 다 받거나, 일부를 받는 경우도 있다. 배당은 복잡할 수 있지만, 낙찰자 입장에서는 그 과정이 경매의 마지막 단계라는 것만 기억하면 된다.

이로써 경매가 어떻게 진행되고, 전체 절차가 어떤지 알아보았다. 경매는 복잡하게 생각할 필요가 없으며, 절차를 알면 어렵지 않다는 것을 기억하자.

알아두면 좋은 경매 필수용어

....

다음에 나열하는 용어들을 당장 전부 외울 필요는 없다. 하지만 경매를 이해하고 진행할 때 자주 쓰이는 용어들이므로, 경매 물건을 검색하거나 분석할 때 참고할 수 있도록 포스트잇에 적어두거나 책을 펼쳐서 한 번씩 보면서 익히면 된다.

- **임의경매** 담보권에 의해 진행되는 경매로, 주로 근저당권이나 저당권에 의해 진행되는 가장 흔한 경매다.
- **강제경매** 담보 없이 소송을 통해 법원에서 판결문을 받아 진행되는 경매다. 가압류 등에 의해 진행된다.
- **형식적경매** 한 부동산에 소유자가 둘 이상일 때, 공유물을 분할하거나 청산하기 위한 경매다. 공동명의자 간 의견이 다를 때 진행된다.
- **채권자** 돈을 빌려준 사람. 은행이 많지만, 개인이나 임차인도 가능.
- **채무자** 돈을 갚아야 하는 사람. 보통 부동산을 담보로 돈을 빌린 사람.
- **입찰자** 경매에 참가해 낙찰을 받으려는 사람.
- **낙찰자** 경매에 입찰해 부동산을 낙찰받은 사람. 최고가매수신고인 또는 경락자라고도 한다.

　　　　　　　　　　나는 청약 통장을 버리고 경매로 건물주가 되었다

- **유찰** 경매에 참가자가 없어 다음에 더 낮은 가격으로 경매가 진행되는 경우다.
- **변경** 경매가 적법하게 진행될 수 없다고 판단될 때, 법원이 경매기일을 변경하는 것. 보통 채권자의 요청으로 두세 번 정도 변경될 수 있다.
- **대항력** 임대차 계약을 맺은 임차인이 임대인 및 새로운 매수자 등에게 보증금을 돌려받기 전까지 계약 효력을 주장할 수 있는 권리다. 대항력을 가진 임차인은 자신의 보증금을 보호받을 수 있다.
- **최우선변제** 소액 임차인이 보증금 일부를 우선 배당받을 수 있는 권리.
- **우선변제권** 주택임대차보호법에 의해 임차인이 보증금을 우선 변제받을 수 있는 권리.
- **차순위매수신고** 낙찰자가 잔금을 납부하지 못했을 때, 다음으로 높은 금액을 써낸 사람이 잔금을 납부할 수 있게 신청하는 것이다.
- **입찰보증금** 경매 입찰 시 필요한 보증금, 보통 최저매각가의 10%다.
- **매각물건명세서** 법원이 제공하는 해당 부동산의 권리관계 내용이 담긴 문서다. 만약 매각물건명세서에서 실수가 있다면 낙찰 이후 매각불허가 신청이 가능하다.
- **매각기일** 입찰이 이루어지는 날.
- **배당** 경매에서 순서에 따라 채권자들에게 매각금액을 나눠주는 절차.
- **배당요구종기일** 배당을 받아야 하는 채권자들이 법원이 정한 기한 내에 배당요구를 신청해야 하는 날.
- **명도** 기존 점유자를 내보내고 부동산을 인도받는 과정. 인도명령과 강제집행이 있다.

- **인도명령** 낙찰자가 채무자나 임차인에게 명도를 요구하는 절차 중 하나로, 명도소송보다 간편하고 빠르다.

- **강제집행** 점유자와의 명도 협상이 안 될 때 법의 도움을 받아 강제적으로 명도를 진행하는 것이다.

- **권리분석** 경매 물건을 낙찰받기 전에 해당 물건의 권리에 문제가 없는지 분석하는 과정. 인수할 권리와 말소되는 권리를 파악하는 것이 핵심이다.

- **근저당권** 부동산을 담보로 돈을 빌려준 은행이 원금을 회수하지 못했을 때, 부동산을 경매로 처분할 수 있는 권리.

- **가압류** 금전 또는 채권을 회수하기 위해 임시로 압류하는 절차.

경매 사이트 완전 정복

경매 시장에는 하루에도 수백, 수천 건의 물건이 쏟아져 나온다. 하지만 우리의 시간은 한정되어 있기 때문에, 이 한정된 시간 안에서 돈이 되는 경매 물건을 찾아내야 한다. 이 과정에서 경매 물건을 찾는 데 돈을 아낄 필요는 없다. 경매 물건 검색에 있어서는 시간과 효율이 중요하기 때문이다.

내가 추천하는 것은 무료 사이트보다는 유료 사이트를 사용하는 것이다. 유료 사이트는 더 체계적이고 정보가 잘 정리되어 있어서, 시간 대비 효율이 훨씬 좋다. 여러 유료 경매 사이트 중에서도 가성비가 괜찮은 곳을 추천하려 한다.

효율적인 경매 투자를 위한 사이트

···

경매 물건을 확인하는 방법은 두 가지로 나뉜다. 첫 번째는 법원 경매정보라는 무료 사이트이고, 두 번째는 사설 유료 사이트들이다.

법원경매정보에 대해서 단도직입적으로 말하면, 추천하지 않는

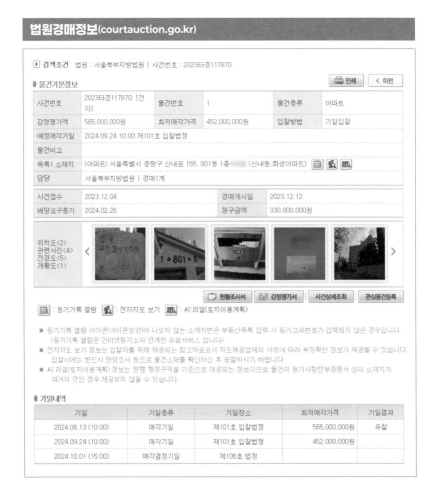

다. 효율성과 시간 때문이다. 법원경매정보 사이트에서 매각물건명세서, 감정평가서, 경매 물건의 기본 위치 등은 제공되지만, 등기사항증명서, 전입세대확인서, 관리비 미납 내역 같은 중요한 정보는 제공되지 않는다. 또한 권리분석이나 임차인 현황을 파악할 수 있게 한 화면에 정리된 형태로 제공되지 않기 때문에, 모든 정보를 직접 찾아서 하나하나 정리해야 한다.

반면 유료 경매 사이트들은 한눈에 보기 좋게 정보가 정리되어 있

어 효율적이다. 요약등기부, 임차인 현황, 소유자 현황, 체납 내역 등이 일목요연하게 정리되어 있어 시간을 크게 절약할 수 있다. 내가 처음 경매를 시작했을 때 유료 사이트를 이용한 덕분에 경매 물건을 분석하는 데 걸리는 시간이 1/10로 줄었다. 물론 유료 사이트를 사용하는 데는 비용이 든다. 처음에는 돈이 아깝게 느껴질 수 있지만, 경매 투자를 꾸준히 할 계획이라면 장기적으로 유료 사이트를 이용하는 것이 더 현명한 선택이다.

내가 추천하는 유료 경매 사이트는 탱크옥션이다. 아파트 위주의 경매를 시작하려는 사람들에게 특히 가성비가 뛰어나다. 다른 업체들은 연간 100만 원이 넘는 곳도 있지만, 탱크옥션은 50만 원 정도의 가격으로 전국 경매 정보를 제공한다. 만약 비용이 부담스럽다면, 지인이나 친구와 함께 시간대를 나누어 사용하는 방법도 있다. 나도 수강생들과 함께 시간대를 정해 사용하고 있으며, 전혀 불편하지 않다. 각자 사용하는 시간을 정해두고, 대기자가 없을 때는 더 사용할 수 있다. 소중한 시간을 절약하기 위해서는 유료 경매 사이트를 이용하기를 추천한다.

경매 사이트를 통한 입찰 물건 선정 방법

...

경매 사이트에서 경매 물건을 보는 방법에 대해 차례대로 설명해 보겠다. 자료에 표시된 순서를 따라가면 쉽게 이해할 수 있다.

경매 물건지 정보

경매 **2023타경532778** ❶

진행내역 : 경매개시 87일 배당요구종기일 283일 최초진행

인천지방법원 24계 (032-860-1624)

매각일자 **2024.10.24 (목) (10:00)**

아파트 토지·건물 일괄매각 ❷

인천 남동구 구월동 20, 3105동 3층████ (구월동,구월 힐스테이트) 새주소검색
(도로명주소:인천 남동구 용천로87번길 23)

대지권	33.6798㎡(10.188평) ❹	소유자	████	감정가 ❺	500,000,000
건물면적	84.8114㎡(25.655평) ❸	채무자	████	최저가	(70%) 350,000,000
개시결정	2023-09-01(임의경매)	채권자	████	보증금	(10%) 35,000,000

[입찰 47일전] 오늘: 2 누적: 62 평균(2주): 4 차트

구분	매각기일	최저매각가격 ❻	결과
1차	2024-09-05	500,000,000	유찰
2차	2024-10-24	350,000,000	

[전경도] 본건전경   [전경도] 공동출입구

TANK **임차인 현황** ❼

말소기준일(소액) : 2009-03-20 배당요구종기일 : 2023-11-27

점유 목록	임차인	점유부분/기간	전입/확정/배당	보증금/차임	대항력	분석	기타
			===== 조사된 임차내역 없음 =====				

기타사항	* 본건 현황조사차 현장에 임한 바, 폐문부재로 이해관계인을 만날 수 없어 상세한 점유 및 임대차관계는 알 수 없으나, 전입세대 열람 결과 소유자 및 그 가족이 점유하는 것으로 추정됨. * 세대출입문에 임차인의 권리신고방법 등이 기재된 `안내문`을 부착해 놓았음.

TANK **건물등기** ❽

(채권합계금액:750,622,230원)

순서	접수일	권리종류	권리자	채권금액	비고	소멸
갑(2)	2007-11-19	소유권이전	████		매매신탁재산의처분	
을(3)	2009-03-20	근저당권설정	중소기업은행 (상동중앙지점)	144,000,000	말소기준등기	소멸
을(4)	2009-12-10	근저당권설정	중소기업은행 (상동중앙지점)	60,000,000		소멸
을(6)	2011-11-22	근저당권설정	중소기업은행 (상동중앙지점)	36,000,000		소멸
을(7)	2017-12-18	근저당권설정	중소기업은행 (상동역지점)	24,000,000		소멸
을(9)	2018-05-18	근저당권설정	중소기업은행 (상동역지점)	66,000,000		소멸
을(11)	2021-12-30	근저당권설정	중소기업은행 (상동역지점)	171,600,000		소멸
을(13)	2022-06-16	근저당권설정	중소기업은행 (상동역지점)	48,000,000		소멸
갑(3)	2023-06-26	가압류	경기신용보증재단 (부천지점)	170,000,000	2023카단504563 (인용 📄)	소멸

출처: 탱크옥션

① **사건번호** 사건번호는 해당 부동산의 경매 물건을 구별하는 고유 번호다. 입찰할 때 사건번호를 정확히 기재해야 하고, 다시 물건을 검색할 때도 이 번호가 필요하다.

② **주소와 동호수, 아파트 이름** 사건번호를 확인한 후, 주소와 동호수, 아파트 이름을 확인해 내가 입찰하려는 물건이 맞는지 다시 한번 점검한다.

③ **건물면적** 건물면적은 전용면적으로 표시되므로, 건물면적=전용면적이며 내가 입찰하고자 하는 평수를 확인하면 된다. 예를 들어 34평형 아파트의 경우 국민평수라고 불린다

④ **소유자, 채무자, 채권자** 소유자와 채무자가 같을 때가 많지만, 가끔 다를 때도 있다. 채무자가 다르다고 해서 낙찰자에게 인수할 권리가 생기는 것은 아니므로 크게 걱정할 필요는 없다. 채권자는 보통 은행, 개인, 공사 등이 될 수 있다.

⑤ **감정가, 최저가, 보증금** 감정가는 감정평가사가 해당 아파트의 가치

를 평가한 금액이다. 최저가는 경매에서 입찰할 수 있는 최저매각가격이다. 해당 금액 이상 써야만 입찰이 유효하다. 보증금은 입찰 시 필요한 금액으로, 보통 최저매각가격의 10%를 준비하면 된다.

⑥ **매각기일과 최저매각가격** 매각기일은 입찰일이므로 한 번 더 확인하고, 최저매각가격은 입찰할 수 있는 최소 금액임을 다시 확인한다.

⑦ **임차인 현황** 임차인의 대항력 여부를 확인하고, 소액 임차인이 있는지 확인해 명도의 난이도를 가늠한다.

⑧ **건물등기** 건물등기란을 통해 권리분석을 한다. 말소기준권리를 찾아내 권리분석을 하고, 해당 아파트에 하자가 없는지 확인한다.

⑨ **단지정보** 아파트 단지의 총 세대수, 사용승인일(연식), 관리사무실 번호 등을 확인한다. 관리사무실 번호는 관리비 미납 내역을 확인하는 데 필요하다.

⑩ **체납내역** 관리비 미납 내역을 확인한다. 관리비 미납 조사일과 입찰일이 다를 수 있으니, 입찰 전에 꼭 다시 한번 확인해야 한다.

3초 만에 끝내는 권리분석

부동산 경매를 처음 시작하는 사람들이 가장 두려워하는 두 가지가 있다. 명도와 권리분석이다. 유튜브나 여러 경로를 통해 권리분석을 제대로 하지 않아서 망했다는 자극적인 이야기를 많이 접하다 보면 권리분석 자체에 대한 두려움이 커진다. 하지만 사실 초보자가 투자할 물건은 대부분 주거용 부동산이며, 권리분석이 복잡하지 않은 경우가 대부분이다. 경매 물건 중에서 권리분석이 복잡하게 이루어져야 할 물건은 10~20% 정도에 불과하며, 나머지 80~90%는 3초 만에 권리분석이 끝나는 아주 쉬운 물건들이다.

권리분석은 낙찰자가 경매 물건을 낙찰받고 난 후 낙찰대금 외에 추가로 인수해야 할 권리가 있는지 확인하는 과정이다. 즉, 낙찰가

외에 추가로 지불해야 할 금액이 있는지 점검하는 것이다.

나 역시 처음 경매를 시작할 때 이 권리분석의 늪에 빠진 적이 있다. 권리분석의 늪이란 지금 당장 필요하지 않은 어려운 이론 공부에 몰두하는 것이다. 예를 들어 특수물건이나 배당 절차 등에 지나치게 신경 쓰는 경우가 그렇다. 초보자에게 적합한 물건들은 대부분 권리분석이 쉽게 끝나는 물건들인데도, 처음에는 그걸 모르고 많은 시간을 낭비한 적이 있다.

먼저 쉽고 권리분석이 간단한 물건들부터 시작해 실전에 빨리 참여하길 권장한다. 적당히 이론을 공부한 후 실전에서 경험을 쌓는 것이 가장 중요한 목표가 되어야 한다.

이 5가지만 알면 권리분석 끝

...

권리분석에서 핵심적으로 알아야 할 것은 바로 '말소기준권리'다. 말소기준권리란 단어 그대로 '소멸시킬 권리'를 의미하며, 이 권리 이후에 설정된 모든 권리는 말소된다는 뜻이다. 말소기준권리만 제대로 이해하면 대부분의 권리분석이 해결된다. 말소기준권리에는 다섯 가지가 있다.

① **(근)저당권** 부동산이나 채권 등을 담보로 돈을 빌릴 때 설정하는 권리
② **(가)압류** 채권자가 빌려준 돈을 회수하기 위해 소송 중 재산을 빼돌리

지 못하게 임시로 확보해두는 것

③ **경매기입등기** 법원이 경매를 진행 중이라는 사실을 알리고, 해당 부동산을 압류해 마음대로 처분하지 못함을 알리는 것

④ **전세권** 전세금을 지급하고 일정 기간 동안 부동산을 사용한 후, 반환받을 권리

⑤ **담보가등기** 채무 변제를 위한 담보로, 임시로 설정하는 등기

여기서 가장 중요한 것은 '(근)저당권'이다. 말소기준권리의 대부분은 근저당권이기 때문에 이 권리만 기억하거나 적어두면 대부분의 경매 물건 권리분석이 해결된다.

예를 들어 부산에 있는 한 아파트 물건을 살펴보자. 2020년 10월 30일에 우리은행에서 설정된 근저당권이 말소기준권리다. 이후에 또 다른 근저당과 가압류가 있지만, 이들은 모두 소멸된다. 말소기준권리 이후에 설정된 권리들은 낙찰자와 관련 없이 모두 사라진다.

또한 채권자가 가압류를 신청하면 법원이 등기부등본에 가압류를 기재하고, 채권자가 승소하면 가압류가 압류로 바뀌어 경매가 진행된다. 근저당권 다음으로 많이 등장하는 권리로, 이 두 가지 권리만 이해해도 초보자가 입찰하려는 경매 물건의 권리분석은 대부분 해결된다. 다음 페이지의 2번 사례가 바로 (가)압류로 인해 진행되는 경매 물건이다. 건강보험공단과 용산구청에서 각각 압류가 들어왔는데, 청구 금액 등은 우리가 몰라도 상관없다.

경매 2022타경1151

진행내역 : 경매개시 72일 배당요구종기일 131일 **최초진행**

부산지방법원 12계(051-590-1829)

아파트 토지·건물 일괄매각

매각기일 2022.11.29 (화)(10:00)

부산 부산진구 범천동 1643, 16층103동 (범천동, 범일역풍림아이원) 도로명주소검색

(도로명주소:부산광역시 부산진구 범일로154번길 33)

대 지 권	13.5039㎡(4.085평)	소유자		감정가	460,000,000
건물면적	84.9551㎡(25.699평)	채무자		최저가	(80%) 368,000,000
개시결정	2022-04-05 (임의경매)	채권자		보증금	(10%) 36,800,000

오늘 : 1 누적 : 28 평균(2주) : 0

구분	매각기일	최저매각가격	결과	비고
1차	2022-10-25	460,000,000	유찰	
2차	2022-11-29	368,000,000		

관련사진   관련사진

사진 ▼   지도 ▼   · ● ·

건물등기   (채권합계금액 : 469,953,480원)

순서	접수일	권리종류	권리자	채권금액	비고	소멸
갑(2)	2020-10-30	소유권이전			매매 거래가액:360,000,000원	
을(3)	2020-10-30	근저당권설정	우리은행 (비아이에프씨금융센터)	88,000,000	말소기준등기	소멸
을(4)	2021-10-22	근저당권설정		169,000,000		소멸
갑(3)	2022-01-06	가압류	농협은행	11,421,225	2022카단50014	소멸
갑(4)	2022-01-20	가압류	(주)우리카드	5,610,393	2022카단801235	소멸
갑(5)	2022-02-10	가압류	신한카드(주)	20,572,267	2022카단50340	소멸
갑(6)	2022-02-16	가압류		30,000,000	2022카단100660	소멸
갑(7)	2022-02-18	가압류	하나캐피탈(주)	54,903,050	2022카단213	소멸
갑(8)	2022-02-25	가압류	케이비캐피탈(주)	20,446,545	2022카단50543	소멸
갑(9)	2022-03-10	가압류		70,000,000	2022카단268	소멸

출처: 탱크옥션

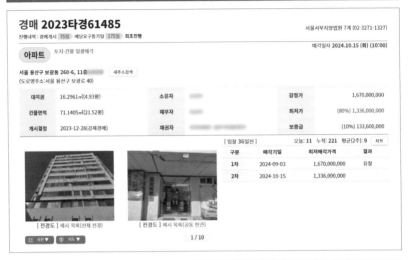

사례 2_서울 용산구 아파트 경매 물건

경매 **2023타경61485**

서울서부지방법원 7계 (02-3271-1327)

진행내역 : 경매개시 75일 · 배당요구종기일 175일 · 최초진행

매각일자 2024.10.15 (화) (10:00)

아파트 토지·건물 일괄매각

서울 용산구 보광동 260-6, 11층   새주소검색

(도로명주소:서울 용산구 보광로 40)

대지권	16.2961㎡(4.93평)	소유자		감정가	1,670,000,000
건물면적	71.1405㎡(21.52평)	채무자		최저가	(80%) 1,336,000,000
개시결정	2023-12-28(강제경매)	채권자		보증금	(10%) 133,600,000

[입찰 36일전] 오늘: 11 누적: 221 평균(2주): 9 [차트]

구분	매각기일	최저매각가격	결과
1차	2024-09-03	1,670,000,000	유찰
2차	2024-10-15	1,336,000,000	

[전경도] 제시 목록(전체 전경)   [전경도] 제시 목록(공동 현관)

1 / 10

건물등기

순서	접수일	권리종류	권리자	채권금액	비고	소멸
갑(2)	2002-10-09	소유권이전			증여	
갑(3)	2017-03-31	압류	국민건강보험공단 (용산지사)		말소기준등기	소멸
갑(4)	2017-09-25	압류	서울특별시용산구			소멸
갑(6)	2023-12-29	강제경매		청구금액 6,506,900	2023타경61485	소멸

출처: 탱크옥션

다시 한번 이야기하지만 5가지 말소기준권리를 다 외울 필요는 없다. 중요한 것은 경매 물건 검색 시 근저당권이나 가압류만 기억해 두면 충분하다는 것이다. 자주 등장하는 권리들은 경매 경험을 통해 금방 익힐 수 있으니 어려운 용어에 매몰될 필요는 없다.

이 4가지가 나오면 피하라

...

부동산 경매 입문자들이 사실 말소기준권리만 이해해도 경매 실전에 뛰어들어 돈 되는 물건을 찾아낼 수 있다. 하지만 여기에 추가로 인수되는 권리를 알면 더 안전한 투자가 가능해진다. 인수되는 권리는 경매를 통해 매각이 이루어져도 소멸되지 않고 낙찰자가 인수해야 하는 권리를 의미한다. 그러나 겁먹을 필요는 없다. 인수되는 권리가 있는 물건은 입찰하지 않으면 그만이다. 인수되는 4가지 권리를 알아보자.

1. 선순위 전세권

배당요구를 하지 않은 선순위 전세권은 낙찰자가 인수한다. 보통 전세권은 말소기준권리에 의해 소멸되지만, 전세권자가 경매신청이나 배당요구를 하지 않으면 소멸되지 않고 인수된다. 이 경우 낙찰자는 전세 보증금을 전세권자에게 내줘야 하므로 입찰 시 그 금액을 고려해 입찰가를 정해야 한다.

2. 건물철거 및 인도청구 가처분

이는 해당 부동산에 문제가 있다는 것을 경고하는 권리로, 매매나 양도 등의 행위를 하지 못하게 한다. 가처분은 특정 행위를 막기 위한 것으로, 이해가 어려우면 일단 단어만 기억해두면 된다.

3. 유치권

건축 공사를 한 건설업자들이 미지급된 공사대금을 받기 위해 행사하는 권리다. 유치권이 있는 경우 낙찰 후 명도에 큰 어려움이 있을 수 있다. 또한 유치권이 실제 공사대금이 아닌 부풀려진 금액일 수 있으므로 주의해야 한다. 유치권 배제신청이 이루어졌더라도, 반드시 직접 사실 여부를 확인해야 한다.

4. 법정지상권

토지와 건물의 소유주가 달라질 때 발생하는 권리로, 건물주가 토지주의 동의 없이도 토지를 계속 사용할 수 있는 권리다. 등기에 기록되지 않으나 소유권 이전에도 건물을 사용할 수 있는 권리이므로 주의가 필요하다.

이 4가지 권리는 미리 알고 피하기 위한 정보로, 지금 당장 공부해야 할 대상은 아니다. 이 용어들을 보게 되면 창을 닫고, 지금 배운 쉬운 말소기준권리에만 집중하면 된다. 복잡한 권리들을 분석할 필요 없이, 효율적으로 빠르게 움직이는 것이 입문 단계에서는 더 중요하다.

임차인 권리분석, 이것만 알아두자

...

임차인 권리분석도 기본 개념만 익히면 매우 간단하다. 핵심은 대항력 있는 임차인과 소액임차인을 파악하는 것이다. 이 두 가지 개념만 이해하면 권리분석이 훨씬 수월해진다.

1. 대항력

대항력은 임차인이 임대인과 새로운 매수자에게 자신의 권리를 주장할 수 있는 힘이다. 즉, 임대차 계약이 끝나지 않은 상태에서 부동산이 경매로 넘어가더라도, 임차인이 보증금을 돌려받지 못한 경우 대항력을 통해 보호받을 수 있다.

대항력을 가지려면 두 가지 요건이 충족되어야 한다. 바로 점유와 전입신고다. 해당 부동산에 실제로 살고 있어야 하며(점유), 전입신고를 완료해야 대항력이 생긴다(전입신고 다음 날 0시부터 효력 발생).

왜 대항력 있는 임차인이 위험할까? 낙찰자가 임차인의 보증금을 인수해야 할 수도 있기 때문이다. 말소기준권리보다 임차인의 전입신고가 먼저 되어 있으면, 낙찰자는 그 임차인의 보증금을 돌려줘야 한다. 다음 페이지의 3번 사례의 경우가 그렇다.

예를 들어 3억 원에 낙찰받으려고 한다고 가정해보자. 대항력 있는 임차인의 보증금이 3억 6천만 원이다. 낙찰받아도 보증금을 인수해야 하기에 6천만 원을 임차인에게 돌려줘야 하는 것이다. 따라서 대항력 있는 임차인이 있는 물건은 신중히 고려하는 것이 좋다.

경매 2023타경115833

진행내역 : 경매개시 91일 배당요구종기일 239일 최초진행

서울남부지방법원 1계 (02-2192-1331)

매각일자 2024.09.10 (화) (10:00)

아파트 토지·건물 일괄매각 대항력 있는 임차인

서울 구로구 오류동 193-17, 제1층 ▩▩▩▩ (오류동, 앙지쉐르빌아파트) [새주소검색]
(도로명주소:서울 구로구 서해안로 2283)

대지권	33.477㎡(10.127평)	소유자	▩▩	감정가	354,000,000
건물면적	53.7㎡(16.244평)	채무자	▩▩	최저가	(80%) 283,200,000
개시결정	2023-08-07(강제경매)	채권자	▩▩▩▩ ▩	보증금	(10%) 28,320,000

[금일 입찰] 오늘: 5 누적: 361 평균(2주): 5 [차트]

구분	매각기일	최저매각가격	결과
1차	2024-07-02	354,000,000	유찰
2차	2024-09-10	283,200,000	

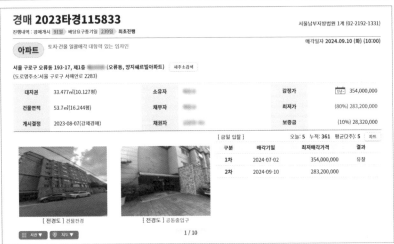

[전경도] 건물전경   [전경도] 공동출입구

1 / 10

[사진 ▼] [지도 ▼]

📋 임차인 현황
말소기준일(소액) : 2021-03-24 배당요구종기일 : 2023-11-06

점유목록 ?	임차인	점유부분/기간	전입/확정/배당	보증금/차임	대항력	분석	기타
1	▩▩▩	주거용 전부 2021.02.19. ~ 2023.02.18.	전입:2021-02-19 확정:2021-03-08 배당:2023-10-16	보:360,000,000원	있음	순위배당 있음 미배당 보증금 매수인 인수	임차인, 경매신청인

기타사항
* 이 사건 부동산 현지방문조사 당시 폐문부재로 아무도 만나지 못하여 점유관계 미상임. 별도의 확인이 필요함. 안내문은 출입문에 끼워놓고 우편함에도 넣어두었음.
* 전입세대확인서 및 주민등록표등본 에는 소유자 아닌 세대주 임차인 ▩▩▩▩(신청채권자) 세대가 등재 되어 있어 그를 일응 임차인으로 기재함.
* ▩▩▩ : 배우자 ▩▩▩과 공동 임차인임.

📋 건물등기
(채권합계금액:140,000,000원)

순서	접수일	권리종류	권리자	채권금액	비고	소멸
갑(4)	2021-03-02	소유권이전	▩▩▩		매매 거래가액:360,000,000원	
을(9)	2021-03-24	근저당권설정	▩▩▩	140,000,000	말소기준등기	소멸
갑(5)	2021-08-27	소유권이전청구권가등기	▩▩▩		매매예약	소멸
갑(6)	2023-07-24	압류	구로구(서울특별시)			소멸
갑(7)	2023-08-07	강제경매	▩▩▩▩ 외1	청구금액 360,000,000	2023타경115833	소멸
갑(8)	2024-06-13	압류	서울중앙지방검찰청검사			소멸

출처: 탱크옥션

2. 소액임차인

대항력을 갖춘 소액임차인은 보증금 중 일정액을 다른 권리자보다 우선하여 돌려받을 수 있다. 주택임대차보호법에 따라 주거약자를 보호하기 위한 제도다. 지역별로 소액임차인의 범위와 우선변제되는 금액이 다르다.

예를 들어 서울은 소액임차인의 보증금이 1억 6,500만 원 이하일 때, 최대 5,500만 원을 우선변제받을 수 있으며, 인천 보증금이 8,500만 원 이하일 때, 최대 2,800만 원을 우선변제받는다. 그 기준은 표를 확인하자. 또한 전입신고 시기에 따라 최우선 변제금액이 달라지므로, 시기별 기준도 확인해야 한다. 자세한 사항은 주택임대차보호법을 참고하면 된다.

최우선변제 기준

구분	소액임차인 기준 금액	최우선변제금액
서울특별시	1억 6,500만 원 이하	최대 5,500만 원
과밀억제권역, 세종·용인·화성·김포	1억 4,500만 원 이하	최대 4,800만 원
광역시, 안산·광주·파주·이천·평택	8,500만 원 이하	최대 2,800만 원
그 밖의 지역	7,500만 원 이하	최대 2,500만 원

낙찰 확률을 높이는 입찰가 산정법

나만의 4가지 기준

...

아파트 경매에서 입찰가 산정의 핵심은, 시세와 낙찰가 그리고 남길 수 있는 수익을 명확하게 정하는 것이다. 여기에 더해 최근 1~2주 사이에 인근 아파트가 시세 대비 얼마에 낙찰되었는지를 파악하는 것이 중요하다. 이 기준을 통해 낙찰 확률을 높일 수 있다.

한 수강생이 있었다. 20번의 입찰에서 한 번도 낙찰받지 못해 내 강의를 들으러 왔다. 입찰 방법과 시세 조사에 대해 어느 정도 지식이 있었고, 열정적이었으나 입찰가 산정 방식에서 문제가 있었다. 본인이 낙찰받고 싶은 가격만 고집스럽게 써냈기 때문이다. 많은 사람이 이렇게 입찰한 뒤, 몇 번 실패하고 경매가 돈이 안 된다고 생각하며 시장을 떠난다. 지금부터 낙찰 확률을 높이기 위한 나의 기준을 공유하겠다.

1. 정확한 시세 파악

시세 파악이 입찰가 산정의 첫걸음이다. 예를 들어 3억 원짜리 아파트를 2억 5천만 원에 낙찰받아 5천만 원을 남기고 싶다면, 실제로 그 아파트가 3억 원짜리인지 정확히 파악해야 한다. 시세 조사를 잘못하면 낙찰가를 높게 써내는 실수를 할 수 있다. 시세 조사를 어떻게 하는지는 뒤에 다시 이야기하겠다.

추가로 알아야 하는 것은 감정가와 시세는 다를 수 있다는 점이다. 감정가는 감정평가사가 책정한 금액으로, 시세와 감정가가 차이 나는 이유는 두 가지다. 첫째, 경매는 6개월~1년 이상 진행되기 때문에 감정가는 이전 시세가 반영된다. 둘째, 감정평가사의 기준은 꼭 현재 시세를 반영하지 않기 때문이다. 그러니 감정가가 낮거나 높다고 해서 입찰을 고민할 필요는 없다.

2. 투자 기간 및 입지 판단

투자 기간에 따른 세금 차이는 크다. 단기 양도세율이 완화되었더라도, 단기 매도의 경우 45%의 세금을 내야 한다. 하지만 무주택자 기준으로 2년 뒤 매도할 경우 양도차익에 대한 세금은 없다(12억 원 이하 기준). 그러니 입찰가는 투자 기간에 따라 달라져야 한다.

또한 입지가 중요한데, 해당 부동산의 가격 상승 가능성을 판단해야 한다. 개인적인 경험으로, 입찰가를 2만 원 덜 써서 2등을 했는데, 이후 그 부동산은 1억 원 이상 오른 적이 있다. 따라서 상승 가능성이 높은 부동산이라면 입찰가를 조금 더 올리는 것이 낫다.

3. 인근 경매 낙찰가율 확인

최근 1개월 이내 비슷한 금액대의 아파트가 시세 대비 얼마나 저렴하게 낙찰되었는지 확인한다. 이를 기준으로 입찰가를 조정하는 것이 중요하다. 자세한 내용은 다음에 따로 설명하겠다.

4. 마진 정하기

얼마를 남길 것인가는 각자의 상황에 따라 다르다. 누군가는 1천만 원만 싸게 낙찰받아도 만족할 수 있고, 누군가는 5천만 원을 싸게 낙찰받아도 만족하지 못할 수 있다. 최근 시세 대비 낙찰가를 참고해 그 정도 금액에 낙찰받아도 만족하는지를 고민해야 한다. 시세에서 낙찰가를 뺀 금액이 마진이므로, 이 금액에 따라 입찰가가 달라진다.

이제 입찰가 산정 방법을 좀 더 구체적으로 알아보자.

정확한 시세 조사만이 살길

....

부동산 투자와 경매에서 정확한 시세 조사는 매우 중요하다. 부동산중개업소에서 말해주는 정보를 무조건 믿기보다는 스스로 시세를 파악해야 한다. 지금부터 시세 조사 방법을 알아보자. 먼저 내가 경매 물건지를 보면서 손품으로 시세 조사를 하는 방법을 알려주겠다.

출처: 탱크옥션

경매정보 사이트에 접속해 왼쪽 상단의 경매검색 탭에서 종합검색을 선택한다.

출처: 탱크옥션

　　종합검색 화면에서 원하는 지역을 선택하고 물건종류는 주거용 아파트를 선택한 뒤, 진행상태에서 진행 중인 물건을 선택하고 검색을 누른다.

나는 청약 통장을 버리고 경매로 건물주가 되었다

	아파트				
☐	**2024-320** 대구 동구 효목동 9, 104동 5층 (효목동,동촌강나루타운) (대구 동구 효동로 108) 건물 84.9548㎡(25.699평), 대지권 47.0317㎡(14.227평) 토지·건물 일괄매각	280,000,000 280,000,000	신건 (100%)	대구10계 24.09.30 (10:00) 입찰 20일전	4
	아파트				
☐	**2024-100251** 대구 북구 서변동 1766, 106동 9층 (서변동,영남네오빌블루) (대구 북구 서변로 120) 건물 128.6263㎡(38.909평), 대지권 74.8369㎡(22.638평) 토지·건물 일괄매각	304,000,000 304,000,000	신건 (100%)	대구10계 24.09.30 (10:00) 입찰 20일전	1
	아파트				
☐	**2024-1798** 대구 수성구 파동 53, 112동 7층 (파동,수성못코오롱하늘채) (대구 수성구 파동로 222) 건물 84.9365㎡(25.693평), 대지권 44.79㎡(13.549평) 토지·건물 일괄매각	390,000,000 390,000,000	신건 (100%)	대구6계 24.09.27 (10:00) 입찰 17일전	6
	아파트				
☐	**2024-1903** 대구 중구 동인동3가 192-79, 3동 4층 (동인동3가,삼익아파트) (대구 중구 동덕로38길 100) 건물 110.05㎡(33.29평), 대지권 92.72㎡(28.048평) 토지·건물 일괄매각	303,000,000 303,000,000	신건 (100%)	대구6계 24.09.27 (10:00) 입찰 17일전	9
	아파트				
☐	**2024-2241** 대구광역시 동구 신서동 561 영초아름다운나날 303동 4층 (대구 동구 동호로 132) 건물 84.6139㎡(25.596평), 대지권 49.1597㎡(14.871평) 토지·건물 일괄매각	207,000,000 207,000,000	신건 (100%)	대구6계 24.09.27 (10:00) 입찰 17일전	8

검색 결과로 나온 경매 물건 중 하나를 선택한다. 여기에서는 2024-1798 물건을 선택해보자.

경매정보지를 클릭해서 주소를 확인한다. 그리고 해당 아파트의 동과 아파트 이름까지 체크한다.

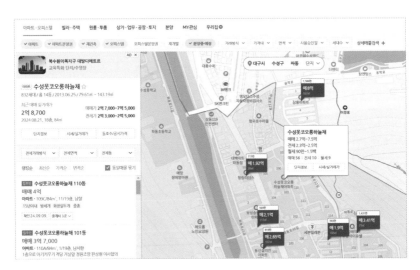

　　나는 청약 통장을 버리고 경매로 건물주가 되었다

네이버 부동산에 접속해 해당 아파트의 이름과 동을 검색한다. 여기에서는 파동, 수성못코오롱하늘채를 검색했다. 경매정보지에서 확인한 세대수와 연식을 한 번 더 체크한다. 이후 전체거래방식에서 매매를 선택하고 해당 평형을 선택해주면 된다(제곱미터를 평으로 바꿔 확인 가능). 참고로 세대수가 많은 단지라면 남향이냐 북향이냐 등의 문제로 시세 차이가 있을 수 있으므로 같은 동의 시세를 체크해 가격 차이를 파악하는 것도 중요하다.

출처: 네이버 부동산

낮은 가격순으로 선택한 후 가장 낮은 금액을 최저가로 가정한다. 경매로 낙찰받으려면 이 금액보다 더 저렴하게 받아야 의미가 있다.

만약 경매 물건의 최저매각가격보다 최저 호가가 낮다면, 해당 물건에 입찰할 이유가 없으므로 시세 조사를 멈추고 다른 물건을 보는 것이 좋다. 사례로 든 물건은 경매 최저매각가격보다 최저호가가 낮다는 걸 확인할 수 있다. 물론 유찰될 가능성이 높은 물건이라면, 조사한 부분을 메모해두고 유찰 후 다시 접근할 수 있다.

다시 한번 시세 조사를 해보자. 이번에는 서울에 있는 아파트의 경매 물건을 한 번 살펴보고자 한다(2023타경114274).

해당 아파트명과 동을 네이버 부동산에 검색해 시세 조사를 진행한다. 매매, 같은 면적, 해당 동, 낮은 가격순으로 정렬한다. 첫 번째에 떠 있는 8억 7천만 원의 저층 매물을 보자. 최저매각가격이 약 7억 2,400만 원이므로 추가적인 조사가 필요하다. 최저호가와 최저매각가격의 차이를 계산해 안전마진이 충분한지 확인하는 것이 관건이다.

앞서 본 사례처럼 세대수가 많아 동마다 방향이 조금씩 다른 것을 확인할 수 있다. 여기에 추가로 공인중개사가 적어둔 설명을 우선 참고한다.

출처: 네이버 부동산

방향, 수리 여부, 선호 동, 초등학교 배정 등의 정보를 파악할 수 있다. 물론 직접 전화를 걸어 더 정확한 정보를 확인하는 것도 좋은 방법이지만, 손품 단계에서는 빠르게 입찰 가능 여부를 판단하는 것이 우선이다.

예를 들어 209동의 최저호가가 8억 7천만 원인데 내가 입찰하려는 곳은 206동인 경우, 209동과 206동 중 어떤 동이 더 선호되는지 파악해야 한다. 특별한 뷰가 있는지, 방향이 어디를 향하는지를 판단한다. 206동과 209동의 방향이 거의 동일하고 특별한 뷰 차이가 없다면, 가격 차이는 크지 않을 것이다.

따라서 206동의 최저호가를 기준으로 삼고, 고층(18층)이므로 가격을 더 높게 대략 9억 원 초~중반으로 추정했다. 이로 인해 최저매각가격 대비 마진이 있음을 알 수 있다. 그다음에 실제 부동산중개업소에 전화해 시세를 확인한다.

최근 매각 사례로 입찰가 최종 결정

...

경매 입찰가 산정을 잘하려면, 최근 비슷한 조건의 아파트가 시세 대비 얼마나 싸게 낙찰되었는지를 파악하는 것이 중요하다. 이를 통해 어이없는 패찰을 줄이고, 실질적인 기준을 세울 수 있다.

우선 내가 입찰하고자 하는 아파트 물건을 찾는다. 해당 물건은 인천에 위치한 아파트로 감정가 대비 최저매각가격이 70%다. 이제 시세 조사를 진행한다. 네이버 부동산을 통해 확인한 최저 호가가 2억 8,500만~2억 9천만 원 정도라면, 최저매각가격이 2억 3천만 원

입찰할 물건 찾아 시세 조사하기

경매 2023타경536756

진행내역: 경매개시 85일 | 배당요구종기일 248일 | **최초진행**

인천지방법원 18계 (032-860-1618)

매각일자 2024.10.28 (월) (10:00)

아파트 토지·건물 일괄매각

인천 서구 경서동 722-1, 105동 8층████ (경서동,태평상베르아파트)   새주소검색
(도로명주소:안천 서구 도요지로 15)

대지권	51.0406㎡(15.44평)	소유자	████	감정가	334,000,000
건물면적	84.5496㎡(25.576평)	채무자	████	최저가	(70%) 233,800,000
개시결정	2023-10-12(임의경매)	채권자	██████████	보증금	(10%) 23,380,000

[입찰 48일전]   오늘: 1 누적: 49 평균(2주): 3 차트

구분	매각기일	최저매각가격	결과
1차	2024-09-09	334,000,000	유찰
2차	2024-10-28	233,800,000	

[전경도] 도로명 주소   [전경도] 건물 전경

아파트 **태평샹베르1차** ☆

572세대 / 총 10동 / 2005.02.03 / 79.4㎡ ~ 139.59㎡

최근 매매 실거래가

3억 8,300
2024.08.09, 9층, 139㎡

매매가 **2억 4,900~4억 3,000**
전세가 -

단지정보	시세/실거래가	동호수/공시가격

매매 ∨	33평 ∨	전체동 ∨

랭킹순   최신순   낮은가격순 ↓   면적순   ☑ 동일매물 묶기

집주인 태평샹베르1차 **107동**
매매 2억 8,500~2억 9,000
아파트 · 109/84㎡ , 15/16층, 남향
25년이내 급매 방세개 화장실두개

확인 24.09.09.   중개사 4곳 ∨

집주인 태평샹베르1차 **106동**
매매 2억 9,000
아파트 · 109/84㎡ , 3/16층, 남향
25년이내 보일러교체 급매 방두개

확인 24.09.02.   중개사 2곳 ∨

출처: 탱크옥션, 네이버 부동산

인 경매 물건은 입찰할 만한 물건이다. 본격적으로 중개업소에 전화를 하거나 임장을 가기 전, 입찰가를 정하는 데 있어 최근 매각사례를 참고해야 한다. 입찰가를 산정할 때 고려할 조건은 다음과 같다.

① 비슷한 시세의 아파트(시세 차이 10~20% 이내)
② 비슷한 평수(20~30평대는 같이 봐도 되나 40평 이상부터는 수요가 줄어들기에 마진을 좀 더 크게 잡아야 함)
③ 같은 시 내 아파트
④ 최근 2~4주 이내 낙찰 사례

이 조건을 기반으로 입찰가를 정해보자. 1번 조건을 위해 감정가는 3억~5억 원에 맞추고, '진행물건'에서 '매각전부'로 조건을 바꿔 검색한다.

2023타경541901 물건을 보자. 2024년 9월 10일 기준으로 5일 정도 지났는데, 2억 4,600만 원에 낙찰되었다. 최저 호가는 2억 7천만 원으로 낙찰가 대비 2,400만 원의 마진이 있음을 알 수 있다. 그러므로 내가 입찰할 때도 2,400만 원 마진을 기준으로 플러스 마이너스해서 입찰가를 설정하면 된다.

이외에도 최근 낙찰 사례에서 고려해야 할 부분은 무엇이 있을까?

① 낙찰자 수가 1명인 경우 제외한다. → 시세와 크게 차이가 없을 가능성이 크다.

경매 **2023타경541901**

인천지방법원 17계 (032-860-1617)

진행내역 : 경매개시 82일 · 배당요구종기일 191일 · 최초진행 36일 · 매각

아파트　토지·건물 일괄매각

매각일자 2024.09.05 (목) (10:00)

인천 연수구 연수동 577, 113동 6층 (연수동,영남아파트)　새주소검색

(도로명주소:인천 연수구 새말로 111)

대지권	72.179㎡(21.834평)	소유자		감정가	304,000,000
건물면적	84.8㎡(25.652평)	채무자		최저가	(70%) 212,800,000
개시결정	2023-11-01(임의경매)	채권자		매각가	(81%) 246,222,200

오늘: 1　누적: 147　평균(2주): 5　차트

구분	매각기일	최저매각가격	결과
1차	2024-07-31	304,000,000	유찰
2차	2024-09-05	212,800,000	

매각 246,222,200원 (80.99%) / 입찰 6명 /

(2위금액 237,230,000원)

매각결정기일 : 2024-09-12

[전경도] 본건 전경　　[전경도] 공동출입구

집주인 영남 113동

매매 2억 7,000

아파트 · 106A/84㎡, 5/6층, 남동향

연수역5분 도서관 스포츠센터 수리보통

부동산써브 제공

확인 24.09.09.

영남 115동

매매 2억 7,000

아파트 · 106A/84㎡, 6/6층, 동향

급매.부분수리,주인거주

매경부동산 제공

확인 24.08.13.

출처: 탱크옥션, 네이버 부동산

② 낙찰자와 2등의 입찰가 차이가 큰 경우 제외한다. → 가격이 높게 쓰여 낙찰된 경우일 수 있다.

③ 40평대 이상의 대형 평수는 안전마진을 크게 잡는다. → 수요와 거래량이 적은 반면 투자금이 많이 들어가기 때문이다. 20~30평대보다 평균 5~10% 정도 저렴하게 받을 수 있다.

④ 150세대 미만의 나홀로 아파트는 안전마진을 더 크게 잡는다. → 거래가 적고, 선호도가 낮기 때문이다. 실거주나 시세보다 현저하게 싸게 사서 거래할 수 있다면 고려해볼 만하다.

이 과정에서 중요한 것은 시장 분위기를 잘 파악하는 것이다. 매주, 매달 부동산 시장은 달라지고 있다. 그러니 부동산 경매 시장을 꾸준히 공부하고, 모의입찰을 자주 해보아야 실전에서 낙찰 확률을 높이는 데 큰 도움이 될 것이다.

입찰을 앞두었다면, 입찰 시 주의사항

경매에서 가장 많은 실수와 위험한 일은 입찰을 할 때 일어난다. 입찰 전 꼭 알아두어야 할 사항과 가장 중요한 입찰표 작성법, 입찰 시 자주 일어나는 실수 등을 알아보자.

입찰 전 꼭 알아야 하는 것

...

입찰 전 알아둬야 할 사항들을 정리하면 다음과 같다.

1. 경매 목적을 분명히 하기: 실거주 vs. 투자

실거주인지 투자 목적인지에 따라 입찰가가 달라진다. 투자자는 수익을 최우선으로 낙찰가를 낮게 잡지만, 실거주 목적이라면 시세보다 약간 저렴한 수준에서 입찰가를 설정하는 경우가 많다.

경매의 목적은 단순히 낙찰이 아닌 수익을 내는 것이다. 시세 조사 없이 여러 번 패찰했다고 입찰가를 올리면 일반 매매보다 비싸게 낙찰받을 위험이 있으므로, 전략을 수정해 다른 지역이나 평수를 고려하는 것도 필요하다. 무조건 낙찰받아야 한다는 마음에 조급해하지 말자.

2. 직접 1회 이상 입찰 경험 쌓기

많은 사람이 경매 책이나 강의를 통해 배워도, 실제 입찰까지 가는 경우는 드물다. 100명 중 10명이 채 되지 않을 거다. 권리분석이나 시세 조사 등의 문턱에서 포기하기도 하고, 일이 바쁘다는 이유로 우선순위에서 밀리기도 한다. 그러나 한 번이라도 직접 입찰을 경험하면 실행력을 끌어올려 준다.

시세 조사와 임장 경험, 법원의 입찰 현장 분위기까지 느껴보자. 특히 법원에 가서 입찰표를 작성해보면 실수도 줄이고 경매에 대한 두려움도 줄어든다. 당장 입찰하는 게 어렵다면 모의입찰이라도 직접 하러 가보는 게 좋다. 입찰자가 몇 명이고 낙찰가는 얼마이고 낙찰 이후 어떻게 진행되는지 등 현장에서 직접 보고 배울 수 있는 게 있을 테니 말이다.

나는 청약 통장을 버리고 경매로 건물주가 되었다

3. 입찰 당일, 이것만은 알아두자

입찰보증금은 최저매각가격의 10% 이상만 넣으면 되며, 초과해도 문제가 없다. 다만 부족하면 무효가 되므로 정확히 준비하자. 도장은 본인이 직접 입찰하는 경우 막도장도 가능하다. 대리인 입찰 시에는 인감도장이 필요하다. 이외에도 주차 공간을 미리 파악해두자. 법원 주차장은 입찰 당일 만차일 가능성이 높아, 주차에 시간을 허비하면 입찰을 위한 준비 시간이 부족해질 수 있다. 마지막으로 당일 아침에도 경매 사건이 변경되거나 취하될 수 있으므로, 법원에 가기 전 경매 사이트에서 확인하자.

입찰표 작성 방법

...

입찰표를 제출하기 전에, 법원에서 입찰을 진행하기 위한 사전 준비물을 꼼꼼히 챙겨야 한다. 기본적인 사항이지만 실수를 방지하기 위해 미리 준비해두자.

① **신분증** 여권, 주민등록증, 운전면허증 모두 가능하다.

② **입찰보증금(수표 또는 현금)** 최저매각가격의 10%에 해당하는 보증금을 준비한다. 은행에서 미리 수표를 준비해두는 것이 좋다. 당일에 은행에서 수표를 발행하려고 하면, 창구가 바쁘거나 시간이 오래 걸릴 수 있으니 미리 준비해두자.

③ **인감도장 및 볼펜** 개인이 자기 명의로 입찰할 때는 인감도장이 필요 없지만, 대리인이나 법인 명의로 입찰할 때는 인감도장이 필요하다. 볼펜은 법원에서도 제공되지만, 사람이 몰리거나 고장날 수도 있으니 미리 준비해 가는 것이 좋다.

④ **미리 작성된 입찰표** 입찰표는 유료 경매정보 사이트에서 양식을 작성 하고 출력할 수 있다. 미리 작성한 후 도장만 찍으면 된다.

그럼 본격적으로 입찰표를 먼저 작성해보자. 다음은 입찰표 양식 이다. 작성 순서를 표시해두었는데 순서대로 적어나가면 된다.

① **입찰기일** 입찰하는 연도와 날짜에 맞게 작성한다.

② **사건번호** 사건번호는 해당 경매 물건을 식별하기 위한 번호다. 접수 년도와 접수번호에 따라 XXXX타경XXXX호 형식으로 되어 있다. 해 당하는 사건번호를 작성하면 된다.

③ **물건번호** 1명의 채무자가 소유한 여러 개의 부동산이 있는 경우 물건 번호에 맞게 숫자를 기입한다. 사례로 든 사건은 물건번호가 9개가 있다. 각각 다른 호실이거나 아예 다른 부동산이다. 본인이 입찰하고 자 하는 물건번호를 정확히 기입하자.

④ **성명** 입찰자의 이름을 적고 도장을 날인한다.

⑤ **주민등록번호** 입찰자의 주민등록번호를 적는다.

⑥ **주소** 입찰자의 주소를 적는다.

⑦ **입찰가격** 입찰할 금액을 작성한다. 보증금액과 혼동하지 않도록 주의

(앞면)

기 일 입 찰 표

| 지방법원 집행관 귀하 | | 입찰기일 : | | 년 월 일 | | | | | |

사건 번호			타 경 호			물건 번호		※물건번호가 여러개 있는 경우에는 꼭 기재	

입 찰 자	본인	성 명			(인)	전화 번호			
		주민(사업자) 등록번호			법인등록 번 호				
		주 소							
	대리인	성 명			(인)	본인과의 관 계			
		주민등록 번 호				전화번호			
		주 소							

입찰 가격	천 억	백 억	십 억	억	천 만	백 만	십 만	만	천	백	십	일		원	보증 금액	백 억	십 억	억	천 만	백 만	십 만	만	천	백	십	일	원

보증의 제공방법	☐ 현금·자기앞수표 ☐ 보증서	보증을 반환 받았습니다. 입찰자 (인)

| 관련물건번호
(9 건) | ‹ | 1
유찰 | 2
유찰 | 3
유찰 | 4
유찰 | 5
유찰 | 6
유찰 | 7
납부 | 8
유찰 | 9
유찰 | | › |

경매 2021타경111745(5)

서울남부지방법원 4계 (02-2192-1334)

진행내역 : 경매개시 92일 | 배당요구종기일 258일 | 최초진행

매각일자 2023.07.04 (화) (10:00)

오피스텔(주거) 토지·건물 일괄매각 입차권등기/대항력 있는 입차인

서울 양천구 신월동 86-4, 제8층 (신월동, 에스케이아이밸리스) 외 1필지 새주소검색
(도로명주소:서울 양천구 가로공원로 161)

대 지 권	17.036㎡(5.153평)	소유자		감정가	1년 261,000,000
건물면적	39.35㎡(11.903평)	채무자		최저가	(16.8%) 43,789,000
개시결정	2021-10-05(강제경매)	채권자		보증금	(10%) 4,378,900

물건보기 ▼

오늘: 1 누적: 316 평균(2주): 1 차트

구분	매각기일	최저매각가격	결과
1차	2022-09-20	261,000,000	유찰
2차	2022-10-26	208,800,000	유찰
5차	2023-02-14	106,906,000	유찰
6차	2023-03-21	85,525,000	유찰
7차	2023-04-25	68,420,000	유찰

출처: 탱크옥션

한다. 입찰가격은 수정되지 않으니 틀렸다면 새로운 입찰표에 다시 작성하자.

⑧ **보증금액** 최저매각가격의 10%를 작성한다.

⑨ **보증의 제공방법** 현금 또는 자기앞수표에 체크한다.

⑩ **입찰자** 입찰자의 이름을 다시 적고 도장을 날인한다.

입찰가격과 보증금액을 정확히 구분해 작성하고, 도장 찍는 곳을 빠뜨리지 않도록 주의하자.

입찰 시 자주 일어나는 실수

...

1. 입찰보증금 액수 미달

일주일에 평균 3개의 아파트에 공격적으로 입찰할 시기였다. 패찰도 자주 했기 때문에 미리 뽑아둔 수표는 다시 입금하지 않고 다음 입찰에 재사용했다. 필요한 보증금 액수가 매번 달라 몇만 원에서 몇십만 원이 모자랄 때가 있었고, 그럴 때는 전날 현금을 출금해 부족한 금액을 추가로 준비해 입찰했었다.

당시 울산의 한 아파트에 입찰할 때였다. 시세 조사와 감정가를 고려해 경쟁이 적을 물건을 찾았다고 생각했다. 울산의 시장 분위기가 그다지 좋지 않았지만, 곧 회복될 것이라 판단했다. 입찰 결과는 적중했다. 입찰자는 3명이었고, 낙찰자는 내가 될 예정이었다.

나는 청약 통장을 버리고 경매로 건물주가 되었다

그러나 문제가 생겼다. 법원 관계자들이 잠시 기다리라고 하더니, 서류를 한참 검토했다. 입찰보증금이 20만 원 부족해 무효 처리된 것이다. 결국 2등 입찰자가 최종 낙찰자가 되었다. 당시 아파트는 시세보다 약 2,700만 원 저렴하게 낙찰받을 수 있었고, 1년 안에 1억원 이상의 차익이 발생했었다. 20만 원 때문에 생긴 비극이었다.

이런 실수를 피하려면 최저매각가격을 다시 한번 꼭 확인하고, 전날 정확한 금액의 수표를 미리 준비해야 한다. 의외로 자주 발생하는 실수인 만큼 꼼꼼하게 준비하자.

2. 다른 법원에서 입찰

이게 무슨 어처구니없는 일인가 싶겠지만, 실제로 내가 겪은 일이다. 부끄럽지만 나와 같은 실수를 하지 않기를 바라며 적어본다. 법원은 본원과 지원으로 나뉘어 운영된다. 회사로 비유하자면 본원은 본사, 지원은 지사 같은 개념이다. 지원은 본원의 일부 사무 처리를 위해 존재한다. 그런데 내가 이 개념을 헷갈린 것이다.

당시 나는 마산에 있는 아파트를 입찰하려 했다. 당연히 마산은 창원에 속하기 때문에(창원, 마산, 진해는 2010년에 통합), 창원본원에서 입찰하면 된다고 생각했다. 하지만 창원본원에서는 창원 성산구, 의창구, 김해, 진해의 경매 물건만 진행되고, 마산의 아파트 경매 물건은 마산지원에서 합포구, 회원구, 함안, 의령의 경매 물건과 진행된다. 그런데 나는 마산지원이 아닌 창원본원으로 가버린 것이다.

입찰장에서 내가 입찰할 물건이 언제 진행되는지 아무리 기다려도 호명되지 않았다. 그때 갑자기 법원 직원이 내 이름을 부르는 것이다. 하지만 낙찰가를 알려준 것이 아니라, "마산으로 가셔야 할 분이 왜 여기 창원에 오셨어요? 보증금 받아 가시고 다시 제대로 알아보고 입찰하세요."라는 것이었다. 법원이 사람들로 붐비는 가운데 얼굴이 빨개진 채 보증금을 받으러 나갔던 그 순간이 너무나 부끄러웠다. 지금 생각해도 얼굴이 뜨거워진다.

다시 한번 강조하지만, 본인이 입찰할 경매 물건이 어느 법원에서 진행되는지 꼭 확인해야 한다. 서울만 해도 법원이 다섯 군데로 나뉘어 있고, 지방은 더 헷갈릴 수 있다. 예를 들어 양산의 경매 물건은 울산지법에서 진행되니 꼭 주의하자.

3. 도장 날인 누락

보통 개인이 입찰할 때 도장을 날인하는 횟수는 입찰표에 2번, 보증금 봉투에 4번, 입찰 봉투에 4번이다(법원마다 보증금 봉투의 날인 방식에 차이가 있을 수 있음). 이걸 누가 까먹겠냐 싶다. 하지만 날인 누락도 의외로 자주 일어나는 실수다.

그날도 미리 입찰표를 작성하지 않은 채 마감 시간까지 20분을 남기고 법원에 도착했다. 이미 몇 번의 낙찰 경험이 있어서 10분 안에 충분히 작성할 수 있으리라 생각했다. 다행히 다 쓴 후 확인까지 하고 5분 정도 남기고 제출할 수 있었다. 이제 낙찰만 되면 끝이라고 생각했다.

입찰자 중 가장 높은 금액을 불렀다. 정확히 내가 쓴 금액이었다.

나는 청약 통장을 버리고 경매로 건물주가 되었다

하지만 무효 처리되었다. 입찰 봉투의 도장 날인 칸에 도장을 찍지 않은 것이다. 허둥지둥 준비 없이 급하게 쓰다가 또 한 번의 낙찰 기회를 놓쳤다. 놀랍게도 몇 번의 낙찰 이후에 발생한 일이었다. 이런 실수를 겪은 이후로는 전날부터 미리 입찰표를 작성하고 서류를 꼼꼼히 체크하는 습관이 생겼다.

명도가 무섭다고요?
문제없습니다

명도 전 해야 할 일

...

낙찰을 받았다고 안심하면 안 된다. 그건 마치 수능이 끝나고 대학교에 합격했다고 인생이 탄탄대로가 될 거라 짐작하는 것과 같다. 낙찰부터가 본 게임의 시작이다.

낙찰 후 가장 먼저 해야 할 일은 점유자의 연락처를 찾아 명도 시간을 조금이라도 줄이는 것이다. 이 방법에는 두 가지가 있다.

첫 번째는 사건기록 열람을 통해 확인하는 방법이다. 낙찰 당일 오후 2~3시 이후에 경매 사건기록을 열람할 수 있다. 법원마다 매각 허가결정 이후에 열람이 가능하다는 말도 있지만, 대부분 당일에 가능하다. 사건기록 열람을 하려면 재판기록 열람, 복사 신청서를 작성하고 사건 정부 수입인지(개당 500원)를 구입한 후(법원 내 은행이나 우체국에서 구입 가능) 경매계에 문의하면 된다. 다만 사건기록은 방대하므로 대출 관련 서류만 열람해 필요한 연락처를 확보하면 된다. 필요한 정보를 확인하는 서류는 대출 관련 서류다. 거기에 연락처가 대부분 기재되어 있다. 간혹 없는 경우도 있는데, 이럴 땐 두 번째 방법을 사용하면 된다.

두 번째는 물건지 문 앞에 포스트잇을 붙여두는 것이다. 포스트잇을 미리 준비하거나 편의점 등에서 구매해 간결하게 필요한 내용만 적으면 된다. 예를 들어보면 다음과 같다.

> 안녕하세요. 사건번호 2023타경XXXX 낙찰자 대리인입니다.
> 이사비와 이사 날짜에 관해 이야기하고자 하니
> 메모 보시면 연락 부탁드립니다. 감사합니다.
> 연락처: 010-XXXX-XXXX

이렇게 하면 열에 아홉은 연락이 온다(왜 대리인이라고 했는지는 뒤에서 다시 설명하겠다). 만약 낙찰자 본인이 직접 가기 어렵다면 심부름 앱을 통해 포스트잇을 붙일 수도 있다.

연락이 오지 않으면 이미 이사를 떠나 명도가 필요 없는 경우일 수 있다. 실제로 전 주인이 이미 이사를 나간 경우가 몇 차례 있었다. 그렇지 않고 연락이 없다면 협상 의지가 있는 상황일 수 있으므로, 다시 한번 포스트잇을 남기고 내용증명을 보내는 것도 한 방법이다.

동시에 경락잔금대출 한도와 금리 조건도 알아봐야 한다. 명도와 대출 진행은 동시에 해야 잔금 기한까지 대출 실행이 원활하다. 경락잔금대출 조건은 발품을 팔수록 더 유리한 조건을 찾을 수 있으니, 이 점을 기억해두자.

명도, 정말 어려울까?

...

명도에 대해 이야기할 때마다 자주 받는 질문이 있다. "명도는 어렵지 않나요?" "명도하다가 싸움 나는 거 아닌가요?" 이런 선입견은 초보자들이 겁먹게 되는 진입장벽일 뿐이다. 오히려 대부분의 명도는 무사히 끝나며, 많은 경우 감사 인사를 받기도 한다. 감정을 상하게 하지 않는다면 큰 문제가 생길 일은 없다.

명도가 어렵다는 인식은 아파트가 아닌 다른 부동산의 명도 사례에서 비롯된 경우가 많다. 여러 번 이야기하지만, 아파트 명도는 다른 유형의 부동산보다 수월하다. 반면 상가나 공장 등은 상황이 다르다. 예를 들어 임차인이 수억 원을 들여 헬스장을 차린 상황에서 해당 상가가 경매로 넘어가면 단순히 몇백만 원의 이사비를 받고 나가기 어려울 수 있다. 이런 경우 명도 저항이 강해지기 쉽고, 경우에 따라 강제집행까지 가기도 한다.

이외에도 특수물건의 경우 명도 저항이 강할 수 있다. 특수물건은 낙찰자가 해결해야 할 권리가 있는 경우다. 가장 큰 장점은 문제를 해결하면 상대적으로 큰 수익을 볼 수 있다는 점이다. 대표적으로 법정지상권, 유치권, 지분 물건 등이 있으며, 예를 들어 유치권이 있는 경우 공사대금을 받지 못한 공사업체가 유치권을 행사하기에 단순한 명도 협의가 어려울 수 있다. 이 유치권이 진짜인지 가짜인지 판단을 해야 하고, 진짜 유치권이든 가짜 유치권이든 협상 테이블에 오르기부터 쉽지 않을 것이다.

이런 특수물건의 사례가 일반적인 명도의 이미지로 자리 잡았을 것이다. 그렇지만 경매를 막 시작하는 초보자라면 환금성이 높고 리스크가 낮은 아파트부터 시작하는 것이 좋다. 그렇게 되면 명도의 난도는 크게 낮아진다.

명도를 쉽게 풀어가는 방법 중 하나가 바로 '제3자화법'이다. 이 방법으로 나는 30여 건의 경매 물건을 아무 문제 없이 처리해왔다. 그럼 이제부터 제3자화법에 대해 알아보자.

명도를 쉽게 풀어가는 제3자화법

...

제3자화법의 핵심은 결정권이 낙찰자의 대리인(나)에게 있는 것이 아니라 제3자인 회사에 있다고 알리는 것이다. 즉, 협상에서 중요한 이사비와 이사 기간에 관한 결정권이 회사에 있는 것이며, 나는 단순히 전달 역할을 하는 직원으로서 대리인 역할을 한다는 점을 강조한다. 이러한 접근은 명도 대상자가 무리한 요구를 하지 않도록 제한하는 효과가 있다. 아무리 강하게 요구하더라도 대리인은 결정권이 없기 때문이다. 또한 제3자화법은 협상 시 감정이 격해지는 것을 막아주는 장점도 있다.

이를 일상에 비유하자면 콜센터에 전화를 거는 상황과 비슷하다. 콜센터 직원에게 어떤 요구를 하더라도 그 직원은 회사의 규정에 따라 대응할 수밖에 없다. 콜센터 직원이 마음대로 민원을 해결해주거나 추가 혜택을 제공할 수 없다는 점에서 제3자화법의 원리와 유사하다. 다음의 상황을 기억하자.

① 나는 낙찰자가 아니다. 나는 부동산 투자 법인의 직원일 뿐이다.
② 신입사원 또는 이직한 지 얼마 되지 않은 직원이기에 회사 내에서 내 입지도 불안정하다.

제3자화법을 사용할 때는 이렇게 스스로 몰입시켜야 한다. 자신이 회사에서 결정권이 없는 직원이라는 느낌을 주면서 상대방에게 '나도 힘이 없고 답답한 상황'임을 전달하는 것이 포인트다. 이때 마치 회사에 대한 불만을 가진 듯한 태도를 보이면 더 효과적이다. 분명 점유자도 본인의 상황이 어렵다는 걸 강조하면서 협상할 테지만, 내 코도 석 자라는 걸 드러내자. 그러면 지나치게 무리한 요구에 대응하면서 시간과 감정 낭비를 하지 않아도 된다.

그다음은 이사비 이야기를 꺼낼 때다. 예를 들어 이사비를 100만 원을 최대치로 잡고 협상한다고 했을 때 이런 대화가 가능하다.

> **낙찰자** 회사에서 이사비는 최대 70만 원까지 지급된다고 합니다.
>
> **점유자** 70만 원으로 무슨 이사를 하나요? 100만 원 이상은 주셔야죠.
>
> **낙찰자** 사장님, 저도 그게 맞다고 생각합니다. 정말 회사가 답답하게 굴어서, 어쩔 수 없이 이런 말씀을 드리게 되어서 죄송할 따름입니다. 회의에서 제 의견이 무시당하는 바람에… 하, 진짜 회사 그만두고 싶네요. 일단 내일 회사에서 다시 이사비를 이야기해 보겠습니다. 죄송합니다, 정말.

이런 방식으로 대화를 이끌어가고, 만약 상대가 여전히 무리한 요구를 한다면 다음과 같이 대응할 수 있다.

> **낙찰자** 차라리 제 수당이 나오는 게 있는데, 그걸 드리겠습니다. 사장님께 죄송하기도 하고, 돈을 못 받더라도 이렇게 마무리하고 저도 회사를 그만둘 것 같습니다…

물론 처음부터 쉽지는 않을 것이다. 적당한 선에서 입장만 밝혀두는 것도 큰 도움이 된다. 점유자를 상대할 때는 다음을 명심하자.

먼저 점유자의 입장을 이해하고 기본적으로 부정적인 감정을 가지기 쉽다는 것을 인정하자. 본인의 의지와 상관없이 집이 경매로 넘어갔기 때문에 감정이 좋을 리 만무하다. 협상 시 점유자의 불만을 당연한 반응으로 받아들이면 협상에 도움이 된다. 점유자의 예민한 반응에 감정적으로 반응하지 않도록 하자.

두 번째로 점유자의 상황을 공감해주는 것이 중요하다. 예를 들어 점유자가 어려운 상황에 관해 이야기할 때 그저 "많이 힘드셨겠네요." 정도의 말로 공감해도 충분히 긍정적인 영향을 준다. 낙찰자에 대해서 가지는 감정을 좀 더 누그러뜨리고 경계심을 낮추는 것이다.

세 번째로 점유자가 무리한 요구를 하지 않도록 미리 상황을 정확하게 알려주자. 예를 들어 "회사에서는 합의와는 별개로 법적 절차는 원칙상 그대로 진행됩니다."와 같은 표현을 통해 협상된 내용에 대해 경각심을 주는 것이다. 친밀감이 쌓이는 만큼 요구는 늘어가기 마련이다. 이럴 때는 단호하게 그리고 부드럽게 미리 대처해야 한다. 협의한 내용과 다르게 움직이면 바로 법적 절차가 진행됨을 알려주어야 한다.

마지막 네 번째, 점유자의 반응에 이성을 잃지 않고 대응하자. 다시 한번 강조하지만 우리는 협상을 해야 한다. 협상을 한다는 것은 각자의 이해관계에 집중하여 원하는 것을 얻어가야 하는 게 최우선순위다. 상대방이 감정적으로 나오더라도 기계적이고 사무적으로 대응하는 자세가 중요하다. 감정적으로 맞대응하면 불필요한 비용과 시간 손실이 발생할 수 있다.

나는 청약 통장을 버리고 경매로 건물주가 되었다

이사비 책정은 어떻게 할까?

...

명도의 핵심은 이사비와 이사 기간에 맞춰 협상을 진행하는 것이다. 이 두 가지가 본질적인 요소이며, 다른 사항은 부차적이다.

경매 신청이 들어가 낙찰까지는 약 10개월에서 1년 정도의 시간이 걸린다. 경매가 진행되는 동안 점유자는 걱정되는 마음에 종종 변호사나 법무사에게 자문을 구한다. 대부분 '적당한 이사비를 받고 나가는 것이 좋다'는 답변을 받는다. 실제로 점유자가 이사를 거부한다면, 낙찰자는 민사집행법에 따라 강제집행을 진행할 수 있다. 심지어 이 절차는 요즘 한 달 안에도 끝날 수 있다. 점유자가 나가지 않고 버티면 불리하다는 걸 알게 되는 것이다.

낙찰자는 이런 점유자의 상황을 인지하고 이사비와 이사 기간에 초점을 맞춰 협상을 진행하면 된다. 여기서 중요한 쟁점은 주로 이사비다. 나는 30평대 아파트의 경우 100만 원 정도로 협상을 마무리했으며, 각자의 기준에 따라 200만~300만 원 선에서 협상을 마무리할 수도 있다. 때로는 정말 딱한 상황의 점유자에게는 더 넉넉한 이사비를 제공하기도 했다. 다만 수익을 고려해서 적당한 선에서 책정하도록 하자. 이사비 협상은 다음의 순서로 진행하면 된다.

1. 최대 지급 가능한 이사비를 정한다

본격적인 협상에 들어가기 전에 최대로 줄 수 있는 이사비를 설정해야 한다. 이를 미리 정해놓지 않으면 협상 중 상대의 요구에 따라 이사비가 과도하게 늘어날 수 있다. 최대 금액을 번복하게 되면 협상의 신뢰도 떨어진다. 예를 들어 우리가 최대로 지급할 이사비를 150만 원으로 가정해보자.

2. 약 70% 수준으로 이사비를 제안한다

처음부터 최대 금액을 제시하지 말고, 70% 수준으로 제안한다. 최대 150만 원을 생각했다면 처음에는 100만 원이라고 제안하고, 이후 상대의 반응에 따라 조정할 수 있도록 여지를 남긴다.

3. 점유자의 반응에 따라 대응한다

점유자의 반응은 보통 세 가지로 나뉜다.

첫 번째, "말도 안 되는 소리를 하시네요. 그 돈 받고는 못 나갑니다. 소송하세요." 이 경우 최대 이사비를 제시해도 강한 저항이 예상된다. 강제집행 비용보다 덜 나오는 금액 안에서 최대한 조정하는 게 좋다.

두 번째, "적어도 200만 원 정도는 생각했어요. 다시 의논해주세요." 이 경우 최대 이사비 범위 내에서 약간 더 조정할 여지를 두고 협상을 이어가면 된다. 예를 들어 회사에서 할 수 있는 선에서 최대한 노력했다고 드러내며, 앞서 제3자화법에서 이야기한 것처럼 개인적인 도움도 이것이 최선이며 더 이상은 어렵다고 이야기하는 것이다.

세 번째, "조금 더 올려주실 수 있나요?" 이 경우 협상에서 낙찰자

나는 청약 통장을 버리고 경매로 건물주가 되었다

가 주도권을 가지며, 점유자가 이사비에 대해 적극적으로 생각해보지 않았기에 대부분 제시한 금액 선에서 마무리할 수 있다.

4. 미납 관리비 및 대출 이자 등 기타 비용을 고려해 이사비 지급

이사비 지급 시 관리비는 공용 부분만 낙찰자가 부담한다. 미납 관리비에는 전용, 공용, 연체료 세 가지가 있는데, 공용 부분에 대해서만 낙찰자가 부담하면 된다. 나머지 부분은 점유자가 내야 하니 이사 가는 날에 맞춰서 정산되어야만 이사비를 지급한다고 미리 알리자. 이사비는 이사 당일에 모든 짐을 빼고 미납 관리비까지 납부한 것을 확인한 후에 지급한다. 이 과정은 낙찰자가 직접 확인하거나 인근 부동산 소장님께 확인을 요청할 수 있다.

또한 대출 이자까지 고려해 이사비를 책정해야 한다. 잔금(낙찰 후 약 5주)을 치르고 난 이후부터 대출 이자가 발생하는데, 명도가 빠르게 되지 않으면 대출 이자 부담은 커질 수밖에 없다. 여기서 중요한 것은 이사비를 더 주는 것과 이사 기간을 더 주는 것 중에 어떤 것이 유리할지 따져보는 것이다.

상황 1 이사비 160만 원, 이사 기간 잔금 후 1개월, 대출 이자 월 80만 원 발생

상황 2 이사비 100만 원, 이사 기간 잔금 후 3개월, 대출 이자 월 80만 원 발생

이사비만 보면 1번이 더 적은 비용이지만, 이사 기간에 따른 대출 이자까지 계산하면 2번이 전체적으로 100만 원 정도 더 유리하다.

이렇듯 이사비뿐만 아니라 이사 기간과 그에 따른 대출 이자도 함께 고려해야 한다. 이사비와 이사 기간을 모두 검토해 낙찰자에게 가장 유리한 조건을 파악하고 협상을 진행하도록 하자.

낙찰자 최후의 무기, 강제집행

...

강제집행은 점유자와의 협상이 되지 않을 때 낙찰자가 최후의 수단으로 사용할 수 있는 강력한 방법이다. 무리한 이사비를 요구하거나 전혀 협조할 의사가 없는 점유자에게 최후로 취할 수 있는 조치로, 사법상 또는 행정법상의 의무 이행을 국가가 강제하는 절차다. 유튜브 등에서도 집행관과 함께 점유자와 그 짐을 강제로 내보내는 장면을 본 적이 있을 것이다.

실제로 나도 강제집행 직전까지 갔던 적이 있다. 부산의 한 오래된 아파트였는데, 주변 인프라도 좋고 세대수도 많아 신혼부부와 노부부의 수요가 탄탄했던 곳이었다. 처음에는 연락이 잘 되었고, 점유자도 큰 이사비를 요구하지 않아 수월하게 진행될 거라 예상했다. 그러나 이런저런 핑계로 예정된 이삿날을 두 번이나 연기했다. 동시에 나는 강제집행을 준비했다. 점유자에게도 이번에도 이사가 미뤄지면 강제집행이 이루어질 것이라고 알렸다.

역시나 약속된 일정에 연락이 되지 않았다. 결국 강제집행 절차를 밟았다. 강제집행을 신청하면 먼저 계고 단계가 있는데, 이는 강제집행이 진행될 거라는 경고와 동시에 해당 부동산에 빨간 딱지를 붙이는 단계다. 강제집행 계고를 위해서는 총 5명이 필요하다. 낙찰자, 집행관, 열쇠수리공, 증인 2명이다. 증인 2명은 인당 3만~5만원 정도의 비용이 필요하다.

12월 24일, 크리스마스이브에 집행관, 열쇠수리공, 증인 2명과 함께 현관 앞에서 섰다. 벨을 눌렀는데도 반응이 없어 열쇠수리공이 나서려고 하는 순간, 문이 열리고 점유자가 나타났다. 점유자는 며칠 뒤 이사할 것을 약속했고, 무사히 명도를 완료했다.

이 경험을 통해 강제집행의 계고만으로도 큰 효과가 있음을 실감했고, 또 하나의 중요한 교훈을 얻었다. 이사비와 이사 기간 중 점유자가 더 중요하게 여기는 것이 무엇인지 파악하면 낙찰자에게 유리한 협상을 할 수 있다는 점이다.

강제집행을 준비할 때 중요한 점은 인도명령신청을 미리 해야 한다는 것이다. 이는 점유자로부터 부동산을 인도받기 위한 집행권으로, 소송 없이 강제집행 절차를 빠르게 진행할 수 있어 시간과 비용을 절약해준다. 강제집행을 하기 위해 알아야 할 점은 무엇인지, 강제집행이 어떻게 협상에서 낙찰자에게 유리하게 활용할 수 있을지 간단히 알아보자.

1. 잔금 납부를 하고 6개월 이내에 신청해야 한다

잔금 납부 후 6개월 이내에 인도명령신청이 들어가야 한다. 그래야 인도명령을 통한 빠른 강제집행이 가능하다. 이 기한을 놓치면 명도소송을 거쳐야 해서 실제 명도에 1년 이상의 시간이 걸릴 수 있다.

2. 법무사를 통해 미리 신청하고 꼭 확인하자

대부분의 경우 법무사가 인도명령을 신청해주지만, 반드시 담당자에게 신청이 완료되었는지 확인하는 것이 좋다. 내 경우 과거에 법무사의 실수로 신청이 누락된 적이 있었다. 신청을 담당자가 했다고 해도 반드시 확인 절차를 거쳐야 한다.

3. 협상의 키로 활용하자

점유자와 이사비 및 기간을 잘 협의 중이더라도 명도에 대한 절차는 그대로 진행된다는 것을 알리는 것이 유리하다. 내용증명 보내기, 인도명령 신청해놓기, 명도합의서 받기 등 말이다. 예를 들어 "사장님, 협의된 사항과 별개로 인도명령 신청은 진행될 예정입니다. 약속을 잘 지켜주신다면 문제없지만, 그렇지 않으면 회사는 절차를 진행할 수 있다는 점을 양해해주십시오."라는 식으로 전달할 수 있다.

4. 강제집행은 마지막 필살기다

강제집행을 마지막 필살기라고 한 이유는 무엇일까? 최종적으로 낙찰자가 쓸 수 있는 마지막 패이기 때문이다. 강제집행을 진행해보면 대략 평당 10만 원 정도 들기 때문에, 협상이 가능하면 최대한 이를 활용하는 것이 경제적이다. 이사비와 이사 기간을 통해 협상이 마무리될 수 있는 상황에서는 협상을 최우선으로 고려하는 것이 낫다.

지금까지 명도에 대해 알아봤다. 아파트에 한정하면 명도의 난도는 낮은 편에 속한다. 협상이 되지 않는 최악의 상황이 오더라도 강제집행이라는 제도가 있으니 너무 겁먹을 필요 없다. 명도가 무섭다고 주저하지 말고 자신 있게 도전할 수 있는 계기가 되었길 바란다.

3장

부동산 투자의 본질,
지역 분석의 모든 것

경매보다 중요한 지역 분석

지금까지 부동산 경매를 잘하는 방법을 설명했다. 그러나 부동산 경매 투자에 있어서 더 중요하게 살펴야 할 것이 있다. 바로 투자할 경매 물건의 지역을 분석하는 것이다. 지역 분석은 무엇보다 중요한 작업이다.

투자 지역은 어떻게 선정해야 할까?

...

부동산 투자는 전쟁과 같다. 앞서 배운 경매는 전쟁에서 활용할 수 있는 무기 중 하나일 뿐이다. 전쟁에서 무기 선택도 중요하지만,

그보다 더 중요한 건 승산이 있는지를 확인하는 일이다. 예를 들어 국방력 100위권 밖의 나라가 1위인 미국과 맞선다면, 어떤 무기를 사용하든 결과를 바꾸기 어려울 것이다.

경매로 싸게 사는 것만큼 중요한 건 경매로 매입한 아파트가 향후 오를 가능성이 있는지, 떨어질 가능성이 높은지를 먼저 판단하는 것이다. 전쟁에서 질 확률이 큰데 아무리 정확하게 총을 쏜다 해도 승리에 영향을 미칠 수 있을까? 따라서 부동산 경매에 나서기 전, 우선 어느 지역에 투자할지 확인하는 과정이 선행되어야 한다.

일반적으로는 자신이 사는 지역에 먼저 투자하는 경우가 많지만, 현명한 선택은 아니다. 거주 지역에서 부동산 공부나 임장은 효율적일 수 있으나, 그 지역의 부동산 가치가 이미 정점에 가까워 추가 상승 여지가 적다면 투자에 적합하지 않을 수 있다.

부동산 전문가나 투자자들도 지역을 고를 때 고려하는 변수가 저마다 다르고, 언제나 오르는 지역을 맞추는 것도 아니다. 부동산 가격의 등락을 정확히 예측하는 건 불가능에 가깝기 때문이다. 누군가 확신을 가지고 상승과 하락 시기를 예단한다면, 무작정 믿기보다는 신중히 검토하는 게 좋다.

결국은 나만의 투자 기준과 원칙을 세워야 한다. 나도 수십 권의 책을 통해 지역 선정의 기준을 다듬었다. 이 기준 또한 정답은 아니지만, 독자들에게 의사결정에 도움 되는 참고가 되길 바란다. 특히 이 기준은 서울과 경기를 제외한 지방에서 더욱 유효한 가능성이 있다.

서울이 다르게 움직이는 이유

...

서울과 경기권을 제외하는 이유는 다양한 변수 때문이다. 서울 집값은 정부 정책과 수요 요인에 따라 민감하게 반응하며, 여기에는 대출 규제나 세금 정책, 매수 심리 등이 크게 작용한다.

예를 들어 2022~2023년 가격이 하락하자 정부는 부동산 규제를 완화했고, 2024년 하반기를 기준으로 하락하던 부동산 가격이 갑작스레 반등하며 거래가 폭증하자 정부는 즉각 대출 규제를 강화했다. 1주택자에게 추가 주택담보대출과 전세자금대출을 제한하고, 기존보다 대출 한도를 더 줄이는 방안을 도입하는 식이다. 결국 이는 시중의 유동성을 줄여 단기적으로는 가격 상승을 억제하는 효과를 낸다. 그러나 규제만으로는 한계가 있고, 이는 일시적인 효과에 그칠수 있다.

다음으로 정부가 활용하는 또 하나의 카드는 세금이다. 취득세(살 때), 보유세(보유하고 있을 때), 양도세(팔 때)가 여기에 포함된다. 당연히 투자하는 사람은 세금이 높아지는 순간 투자를 멈출 수밖에 없다. 현재 1주택자의 취득세율은 1~3%이지만 3주택 이상이 되면 8~12%로 상승한다. 양도세 또한 1년 이내 매도 시 77%, 2년 이내 매도 시 66%까지 올라가며, 2년이 지나야 비로소 비과세 또는 기본 세율(6~45%)로 적용된다. 이마저도 양도세 중과가 유예되면서 완화된 상황이다. 각종 세금의 변화가 시장에 영향을 미치며, 세율이 높아질수록 투자자들은 수익성 저하로 투자를 줄이거나 멈추게 된다.

부동산 시장에 영향을 미치는 또 하나의 변수는 유동성과 금리다. 여기서 유동성은 돈이 시중에 얼마나 풀리냐를 말한다. 부동산은 주식처럼 작은 단위로 구입할 수 없고 큰 자본이 필요하다. 따라서 대부분 대출을 이용하는 경우가 많다. 대출 규제로 유동성이 줄어들면 부동산 가격도 영향을 받는다. 그러면 대출만 규제하지 않으면 유동성이 살아날까? 그렇지는 않다. 금리 역시 중요한 변수로, 금리가 오르면 대출 이자 부담이 커지므로 자금 운용에 제약이 생긴다. 이는 최근 몇 년간 급격히 현실화되었고, 이로 인해 시장 참여자들이 대출을 줄이거나 꺼리는 상황이 발생했다.

이러한 요소들은 모두 시장 참여자들의 심리에 큰 영향을 미친다. 주식과 비트코인처럼 빠르게 확산되는 심리적 반응은 서울 지역에서 특히 빠르게 나타나며, 경매 시장에서 낙찰가의 변동성도 함께 커진다.

이외에도 교통과 일자리 호재 등의 다양한 변수가 있지만 현재의 중심축은 위에 언급한 것들이라 생각한다. 서울과 경기 지역 아파트의 상대적으로 높은 절대 가격과 금융화로 인해 대출 및 금리 변화의 영향이 더 커졌다는 점도 주목할 필요가 있다. 이런 이유로 서울과 경기권은 다른 변수도 추가로 고려해야 한다는 것이다.

지역 분석의 첫 번째 변수 입주 물량

지역 분석의 첫 번째 변수는 입주 물량이다. 경제학의 기본 개념 중 수요와 공급의 법칙이 있다. 수요와 공급이 균형을 이룰 때 시장 가격과 거래량이 결정된다는 원리로, 부동산 시장에서 수요란 부동산을 구입하려는 의향과 계획, 욕구 등을 의미한다. 반대로 공급은 부동산을 판매하거나 임대하려는 계획과 욕구를 뜻한다. 공급과 수요가 만나는 지점에서 가격이 형성되고 거래가 성사되는 것이다. 이러한 공급 측면에서 우리가 가장 먼저 고려해야 할 요소가 바로 입주 물량이다.

입주 물량이란 공급되는 주택의 수를 의미한다. 입주 물량만 절대적인 수치로 해석할 수는 없지만, 많은 물량이 공급되면 가격이 하락 압력을 받는 것은 사실이다. 전국 최대 규모로 입주했던 둔촌주공을 예로 들어보자. 둔촌주공에는 약 1만 2천 세대가 입주했고, 이 중 많은 가구가 실거주가 아닌 임대 목적으로 전세 세입자를 찾았다.

대규모로 전세 물량이 시중에 풀렸고, 임대인들이 전세 세입자를 빠르게 구하기 위해 전세가를 낮추기 시작했다. 전세가는 시세 대비 50%, 심한 경우 30%까지 떨어지기도 한다. 예를 들어 시세가 10억 원인 아파트의 전세가가 입주장에서는 3억 원 선에 거래될 수 있다는 뜻이다. 이렇게 전세가가 낮아지면 매매가에도 영향을 미치게 된다. 보통 전세가 하락은 매매가 하락으로 이어지며, 반대로 전세가 상승은 매매가 상승을 유도하기도 한다.

물론 시장 심리가 크게 작용하는 상황에서는 이 영향을 적절히 완화해 넘어갈 수도 있다. 과거 헬리오시티가 대표적인 사례로, 약 9천 세대가 입주했음에도 불구하고 시장 심리가 받쳐준 덕분에 시기를 잘 견뎌냈다.

이처럼 입주 물량이 전세가뿐 아니라 매매가에까지 어떻게 영향을 미치는지 구체적으로 살펴보자.

입주 물량이 가격 상승과 하락에 영향을 미친 사례
...

아실(asil.kr)에서 제공하는 인천의 입주 물량 그래프를 통해 지역

나는 청약 통장을 버리고 경매로 건물주가 되었다

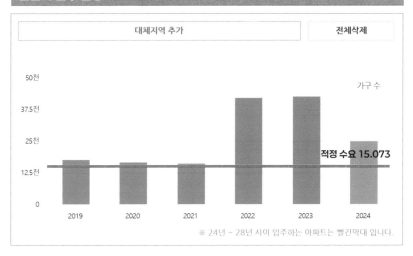

대체지역 추가	전체삭제

출처: 아실

수요와 공급 상황을 확인할 수 있다. 여기서 '적정 수요'는 인천 지역의 연간 수요량을 나타내며, 보통 인구의 0.005% 정도로 계산한다 (자세한 설명은 뒤에서 하겠다).

입주 물량이 적정 수요보다 많다면 공급 과잉 상태, 적다면 공급 부족 상태로 이해할 수 있다. 그럼 공급이 수요보다 적으면 가격은 어떻게 될까? 공급이 부족할수록 가격은 상승할 가능성이 높아진다. 반대로 공급이 수요보다 많으면 가격이 하락할 가능성이 커진다(단, 이는 가능성이 높은 것이지 무조건적인 법칙은 아니다).

그래프를 보면, 2019~2021년은 수요에 비해 공급이 부족한 상황이었다. 이를 통해 가격 상승을 예상해볼 수 있는데, 실제로도 2019년 3~4분기부터 가격이 서서히 오르기 시작했다. 이후 2020년

인천 아파트값 30.6% 올라 '전국 최고'

[파이낸셜뉴스] 올해 전국 아파트 매매가격은 16.35%가 오르며 2년 연속 두 자릿수 상승률을 기록했다. 이는 2006년 이후 15년 만에 최고 상승률이다. 인천은 30%가 오르며 전국에서 가장 높은 상승률을 기록했다.

21일 부동산R114가 전국 아파트 매매가격 변동률을 집계한 결과 전국 아파트 매매가격은 16.35% 상승한 것으로 나타났다. 2020년(13.46%)에 이은 2년 연속 두 자릿수 상승률이자, 2006년(24.80%) 이후 15년 만의 최고 상승률이다. 이번 집계는 부동산R114의 자체 시세조사 자료를 바탕으로 이뤄졌다.

■인천 집값 30.6% 올라 '전국 최고'
17개 시·도 중 올해 아파트값이 가장 많이 뛴 지역은 인천으로 올해 들어서만 평균 30.60% 상승했다. 이어 △경기(21.72%) △대전(18.06%) △부산(17.18%) △충북 (16.67%) 순으로 평균 상승률을 상회했다.

출처: 파이낸셜뉴스

초반부터는 상승 기조가 본격화되었고, 이러한 흐름 속에서 인천은 2021년에 전국에서 가장 높은 상승률을 기록하며 서울보다 더 가파른 가격 상승을 보였다.

2021년 연말에 나온 기사를 보자. 전국 아파트 매매가격이 평균 16.35% 상승했지만, 인천은 그보다 두 배에 가까운 상승률을 기록하며 전국에서 가장 높은 상승세를 보였다. 인천의 상승률은 서울을 뛰어넘었고, 두 번째로 높은 상승률을 보인 경기도보다도 10% 가까이 높았다. 그만큼 인천의 아파트 가격은 당시에 가파르게 올랐던 것

이다. 또한 전세가 역시 전국에서 두 번째로 많이 올랐다.

  인천 송도의 더샵퍼스트월드 아파트는 2019년 7월 기준으로 39평의 시세가 층수에 따라 4억 7천만 원에서 5억 1천만 원 정도였지만, 약 2년의 상승기를 거치면서 시세가 9억 원까지 상승했다. 2년 만에 4억 원이 올라 두 배 가까이 상승한 셈이다. 인천 지역의 가격 상승이 상당히 가팔랐다는 점은 확실하다. 그렇다고 단순히 입주 물량이 부족했다는 이유 하나로 가격이 급상승한 것을 전부 나타낼 수는 없다. 하지만 입주 물량이 엄청난 영향을 미친 변수 중 하나임은

금리 인상·경기 침체…전국 아파트값 9년 만에 '하락'

부동산R114에 따르면 전국 아파트 매매가격도 9년 만에 하락 전환됐다. 2022년 아파트값은 지방 및 광역시 일부 지역을 제외하고는 모두 하락했다. 수도권에서는 인천이, 지방에서는 세종시의 집값 하락이 가장 컸다.

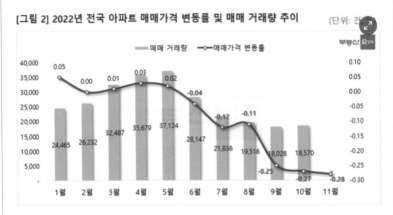

[그림 2] 2022년 전국 아파트 매매가격 변동률 및 매매 거래량 추이 (단위: 건)

부동산R114 제공.

전국 아파트값은 2013년 이후 상승세를 이어가는 가운데 2020년(13.46%)과 2021년(18.32%)에는 2년 연속 두 자릿수 상승률을 기록했다.

하지만 2022년 들어 매수세가 급격히 위축되면서 전국 아파트 매매가격 변동률이 1.72% 떨어져 9년 만에 마이너스 전환됐다. 지방 일부 지역을 제외하고는 대부분 하락세로 돌아섰다.

지역별로는 2021년 한 해 34.52% 올라 전국에서 상승폭이 제일 컸던 인천이 5.34% 떨어져 가장 많이 하락했다.

출처: 디트뉴스 24

틀림없어 보인다.

입주 물량이 적어 가격이 오를 수도 있지만 반대의 경우도 있을 수 있다. 다른 기사를 통해 살펴보자.

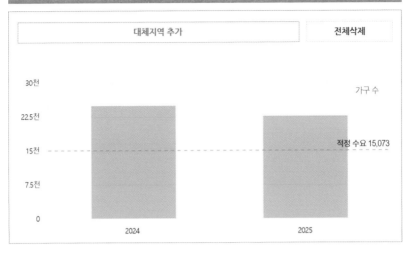

인천의 입주 물량 예상치

| 대체지역 추가 | 전체삭제 |

가구 수

적정 수요 15,073

2024   2025

출처: 아실

2022년 연말 기사에서 확인할 수 있는 것은 전국 아파트 매매가가 하락세로 전환되었다는 사실이다. 그중 인천 지역이 눈에 띈다. 2021년 전국에서 가장 높은 상승률을 기록했던 인천은 1년 만에 가장 큰 하락폭을 기록하면서 분위기가 완전히 반전되었다.

다른 지역이 하락하기 전에 인천의 가격이 먼저 하락한 원인 중 하나는 과도한 입주 물량이었다. 앞서 살펴보았던 인천의 입주 물량 그래프를 다시 보자. 인천의 적정 수요가 약 1만 5천 가구인 데 비해, 2022년과 2023년에 약 4만 2천 가구가 입주하며 수요의 3배에 달하는 공급이 이루어졌다. 즉, 수요가 입주 물량을 감당하지 못하게 만들어 가격 하락의 주된 요인으로 작용했다. 금리 인상 등의 요인도 있었지만, 수요 대비 과도한 공급이 인천의 급격한 가격 하락을 가장 크게 견인한 요소라고 볼 수 있다.

인천의 입주 물량 예상치는 2024년 약 2만 5천 가구, 2025년 약 2만 3천 가구로 여전히 수요 대비 많은 상황이다. 2024년에 다소 상승세가 있었지만, 입주 물량이 계속 많은 편이라 투자자 관점에서는 진입 시점을 조금 더 지켜보는 것이 안전하다고 판단된다. 반면 실수요자는 가격이 많이 하락하고 전세가가 약간 회복된 지역을 중심으로 접근하는 것도 좋은 전략으로 보인다.

입주 물량이 가격 상승에 영향을 미치는 경우

...

입주 물량이 가격 상승에 영향을 미치는 사례도 살펴보자.

창원˙은 2016년 하반기부터 3년간 하락세가 이어졌고, 2017년부터 2019년까지 수요 대비 공급이 최대 4배 가까이 증가하면서 가격이 큰 폭으로 하락했다. 제조업에 의존하는 도시 특성상, 창원은 당시 불황에 빠져 도시의 미래에 대한 부정적인 의견도 많았다. 그러나 2019년 4분기부터 상황이 반전되었다. 이 시기를 기점으로 투자자들이 유입되었고, 뒤이어 실수요가 이어지면서 가격 상승이 시작되

• 창원은 특례시로 2010년도에 통합되었지만 이 책에서는 따로 분리해서 살펴보려고 한다. 창원은 성산구와 의창구로 본다.

　　　　　　　　　　나는 청약 통장을 버리고 경매로 건물주가 되었다

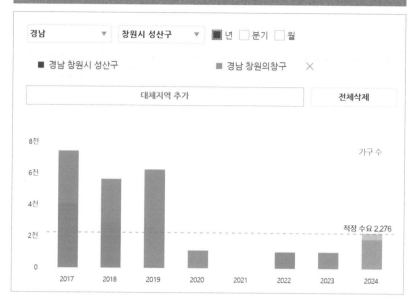

경남 창원시의 입주 물량

| 경남 ▼ | 창원시 성산구 ▼ | ■ 년 □ 분기 □ 월 |

■ 경남 창원시 성산구　　　　　　　■ 경남 창원의창구　✕

대체지역 추가　　　　　　　　　　전체삭제

가구 수

적정 수요 2,276

출처: 아실

었다.

　창원 용호동 용지아이파크의 사례를 통해 입주 물량과 가격 상승의 관계를 살펴보자. 다음 페이지를 보면 2019년 9월, 용지아이파크의 매매가는 약 6억 원 수준이었지만, 상승이 시작되자 약 3개월 만에 7억 4천만 원까지 올랐다. 이후 약 2년이 되지 않은 시점에 11억 2천만 원에 도달하면서 가격은 거의 두 배 가까이 상승했다.

　다시 창원의 입주 물량을 보자. 물량이 많았던 2017~2019년에는 부동산 시장이 침체를 겪었으나, 2020년부터 입주 물량이 급감하면서 상황이 반전되었다. 입주 물량이 줄어든 직후부터 가격 상승이

창원 용호동 용지아이파크 가격 변화

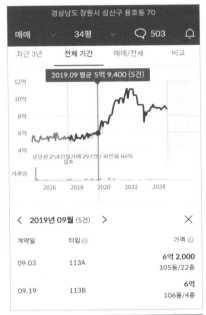

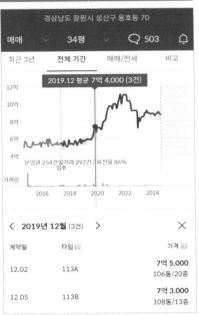

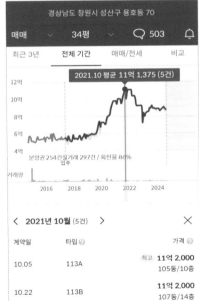

출처: 아실

나는 청약 통장을 버리고 경매로 건물주가 되었다

'최악 폭락' 창원까지…외지인에 '들썩'

최근 2~3년 동안 조선과 기계산업 불황 등으로 아파트 값 하락률이 가장 큰 편인 창원마저 싹쓸이 대상이 되고 있습니다.

[정상철/창신대 부동산금융학과 교수 : "주택 가격이 쭉 하락해 왔기 때문에, 싸다고 보는 거죠. 쌀 때 대량매입해서 값을 올려서 팔고."]

실수요자들은 가격 담합이 의심된다며 민원까지 제기하고 있습니다.

[정삼순/창원시 의창구청 민원지적과 : "최근에 민원인들의 우리 관내 대단지 아파트에 외지인들이 와서 집값을 많이 상승시키고 있다고..."]

전문가들은 이같은 단기 급등 현상은 일부 아파트에만 국한된 것이며 거품일 가능성이 있다고 경고합니다.

출처: KBS 뉴스

시작되었고, 전국 상승세와 발맞추어 창원도 빠르게 가격이 오르기 시작했다. 특히 상승 초기에 투자자들이 대거 진입하면서 거래량이 증가했고, 이로 인해 본격적인 상승 국면이 열린 것이다.

2019년에 나온 기사에 중요한 투자와 실수요의 반응 패턴이 담겨 있다. 기사의 첫 부분에 언급된 창원 아파트 가격의 급락과 상승 전환 상황에서 볼 수 있듯, 큰 하락률을 보인 지역은 투자자들이 '저가 매수'로 주목하는 경우가 많다. 실거주자도 비슷한 심리를 보이지만, 투자자에 비해 시장 진입 속도는 다소 느리다.

세 번째 줄에서는 가격 담합 의혹이 제기되었다는 내용이 있다. 일반적으로 시장이 급상승할 때 가격은 특정 구간에서 급등할 수 있으며, 이 때문에 가격 조정이나 담합 의심을 받기도 한다. 그러나 실제로 실거래가 쌓이면 가격 상승이 현실로 받아들여지며, 초반 상승

인구 감소에도 집값 급등…창원이 수상하다

"인구가 줄어드는데 아파트값이 오르면 수상하지요. 당연히 투기세력이 들어와 있다고 봐야지요." 지난 13일 경남 창원시 의창구의 한 아파트단지 상가에서 중개업을 하는 공인중개사가 한 말이다. 사무실 창문에 붙은 안내 문구에는 해당 아파트 거래 가격은 적혀 있지 않았다. '상담 환영'이라는 글만 있었다.

올해 초에는 창원 일부 지역 아파트를 중심으로 가격이 급상승했는데, 최근엔 창원 전역에서 부동산 시장이 과열되는 양상을 보이고 있다. 창원시는 부랴부랴 집값 잡기에 나섰다.

출처: 경향신문

을 의심했던 사람들조차 거래에 나서게 된다. 이러한 흐름은 상승 초기마다 반복되는 패턴이다.

또한 기사에서 말하듯 '거품'으로 치부되던 상승은 이후 창원, 마산, 진해까지 퍼졌고, 1억 원대였던 저가 아파트들도 2년 동안 상승했다. 상승세는 늘 입지가 좋은 지역의 신축 아파트에서 시작해 점차 외곽으로 퍼지는 경향이 있다. 이는 서울 강남에서 시작해 노원 등으로 번진 상승 흐름과 유사하다. 이와 같은 시장 변화를 기억해두고, 상승 신호가 포착될 때 어떻게 반응할지 미리 전략을 세워두는 것이 중요하다.

2020년 기사에는 앞선 나온 기사와 비슷한 의견이 담겨 있지만 다른 점이 있다. 네 번째 줄, 2020년에는 일부 지역 아파트를 중심으로 가격이 급상승했으나 최근에는 전역으로 퍼졌다는 내용이다. 이는 전국적 부동산 가격 상승의 일환으로 정부가 규제 지역을 선정하는 계기가 되었다. 경상권에서 대구 수성구와 창원 의창구가 투기과열지구로 지정된 것도 창원의 큰 가격 상승을 방증한다.

이런 의문이 든다. "지금과 같은 인구 감소 추세에서, 지방에 다시 큰 상승 가능성이 있을까?" 이는 현재의 지방 부동산에 대한 대표적인 관점이다. 인구 감소와 일자리 부족은 물론 중요한 변수지만, 그럼에도 불구하고 특정 지역에는 지속적인 투자 가능성을 뒷받침하는 요인들이 있다. 부동산 투자는 늘 수요와 공급의 균형을 고려하는 것이 핵심이다.

앞서 인천의 사례에서 알 수 있듯, 2024년 4분기 기준으로 수도권을 제외한 광역시나 주요 도시에서도 대장급 아파트들은 최저점 대비 10%에서 20% 이상 가격이 회복된 상황이다. 이에 대해 일부는 "대장급 아파트라 그렇지 않으냐?"라고 질문할 수 있다. 하지만 전주를 사례를 보면 꼭 그렇지만은 않다.

다음 페이지의 전북 전주시의 입주 물량을 보자. 2021년부터는 수요가 공급을 초과하는 양상을 보이면서, 2019년 말부터 전주의 부동산 시장은 상승세를 타기 시작했다. 2020년에도 공급이 수요보다 많았지만, 가격이 일찌감치 오른 이유는 당시의 초저금리와 서울의 강화된 규제 때문이었다. 이 시기에 넘쳐났던 유동성은 규제지역을 피해 비규제지역으로 몰렸고, 특히 2~3년간 하락세였거나 곧 입주 물량이 줄어들 것으로 예상되는 지역들이 주요 투자 대상으로 부각되었다.

2022년 금리 인상으로 전국 부동산 가격이 하락한 가운데 전주

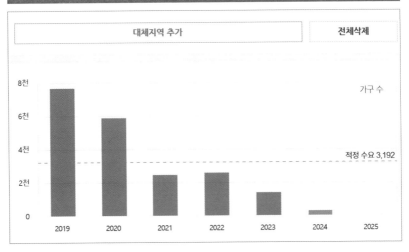

전북 전주의 입주 물량

| 대체지역 추가 | 전체삭제 |

가구 수

적정 수요 3,192

출처: 아실

역시 예외가 아니었다. 그러나 2023년 초를 기점으로 서울과 경기 일부 지역처럼 점차 회복세를 보이기 시작했고, 2024년에는 지방에서 거의 유일하게 상승폭을 보이는 지역이 되었다. 전주의 인구는 약 65만 명으로, 다른 지방 도시처럼 매년 감소하는 추세다. 그럼에도 불구하고 전주 부동산 가격이 오르는 이유는 적정 수요에 비해 공급 물량이 부족하기 때문이다. 2025년과 그다음 해에도 입주 물량이 거의 없어 공급 부족이 지속될 것으로 예상된다.

전주시 완산구 효자동에 위치한 전주효천우미린더퍼스트 아파트의 매매가를 살펴보자. 2022년 12월 기준 실거래가는 4억 3,700만 원이었다. 전고점이었던 2021년에는 약 6억 원에 거래된 데 반해 30% 가까이 하락한 것이다. 보통 지방 아파트는 가격이 더 하락하거

나는 청약 통장을 버리고 경매로 건물주가 되었다

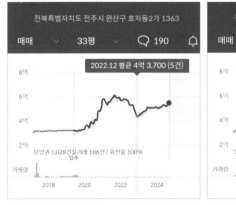
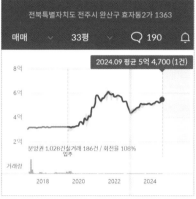

나 비슷한 시세를 유지할 것이라는 예상하기 쉽다.

그러나 2024년 9월 기준 실거래가는 5억 4,700만 원으로, 최저점 대비 1억 원 이상 회복되었다. 서울이나 경기권 아파트가 아니라 지방 아파트의 실거래 가격이라는 점이 놀랍다. '지방은 오르지 않는다'는 편견을 깨는 사례라 할 수 있다. 물론 우리나라가 직면한 생산인구 감소와 같은 문제들도 있지만, 세대수는 증가하고 있으며 지방 부동산 투자에 대한 위협이 실현되기까지는 아직 수년이 남았다고 본다. 이 부분은 뒤에서 좀 더 논의할 예정이다.

결국 지방에 투자하면 안 된다는 말보다 어떻게 기회를 잡아 투자할지 고민하는 것이 더 생산적이다. 다만 지방 부동산은 상승 기간이 서울에 비해 길지 않기 때문에 매도 계획을 명확히 세우고 과도한 욕심은 경계해야 한다.

지역 분석의 두 번째 변수 시세 파악

지역 분석에서 입주 물량만큼 중요한 요소는 바로 현재의 시세가 전고점 대비 얼마나 저렴한지를 파악하는 것이다. 아무리 입지가 좋은 부동산이라도 비쌀 때 사거나 지나치게 높은 가격에 매수하면 리스크가 커진다. 따라서 현재의 시세가 전고점과 비교해 어느 정도 위치에 있는지를 기준으로 삼아야만 적정한 투자 타이밍을 판단할 수 있다.

전고점 대비 시세 살펴보기

....

전국적으로 유명한 아파트가 몇 개 있다. 예를 들어 대치동 은마 아파트는 강남에서도 입지가 뛰어나고 재건축 이슈로 유명하여 오랜 기간(2006~2024년) 우상향해왔다. 2024년 9월 기준 매매가가 28억 5천만 원이니, 은마 아파트를 산 사람은 당연히 돈을 많이 벌었을 거라고 생각하기 쉽다. 하지만 매수와 매도 시점에 따라 손실이 발생할 수도 있다.

실제로 2021년 4월 23일에 25억 원에 매수한 사람이 불과 2년 뒤인 2023년 6월 13일에 21억 원에 매도했다. 당시 시세보다 다소 저

출처: 아실

렴하게 거래되었지만, 시세가 23억~24억 원대였던 점을 감안해도 매수가보다 낮은 가격에 거래된 것이다.

이 사례는 입지와 미래 가치가 뛰어난 부동산을 보유하고 있더라도 언제 매수하고 언제 매도하느냐에 따라 수익에 큰 차이가 날 수 있음을 보여준다.

서울에서 가장 주목받는 아파트 중 하나인 송파구 헬리오시티의 사례를 보면, 우수한 입지를 가진 아파트라도 매수와 매도 시기에 따라 수익이 크게 달라질 수 있음을 알 수 있다. 2018년 대규모 입주로

출처: 아실

나는 청약 통장을 버리고 경매로 건물주가 되었다

인해 시장의 큰 관심을 끌며 논쟁이 격렬했다. 이후 지속적인 우상향 그래프를 보였지만, 가격 하락기 직전에 매수한 사례들을 보면 손실이 발생했다.

예를 들어 2021년 8월에 19억 3천만 원에 매수한 후 2023년 5월에 17억 9,500만 원에 매도한 경우, 1억 3,500만 원 이상의 손실을 보았다. 세금까지 고려하면 손실은 더 클 것이다. 또 2021년 6월에 갭투자로 매수한 사람도 딱 1년 8개월 만에 2억 2천만 원의 손실을 본 채 매도했다. 마지막으로 2020년 12월에 20억 4,800만 원에 매수한 사례는 약 3억 원의 손실을 기록하며 17억 5천만 원에 매도한 바 있다.

이 사례들은 가격이 지속적으로 오를 것이라는 기대와 달리 시기에 따라 부동산 매매에서 손실이 발생할 수 있다는 점을 보여준다. 따라서 아무리 입지가 좋고 대장 아파트라고 해도 매수 시점이 중요하며, 고점 매수는 피해야 한다.

그럼 저렴한 가격의 기준은 무엇일까? 나는 전고점 대비 약 30% 하락한 가격을 제시한다. 최근 하락장에서는 40% 이상 떨어진 단지도 있었지만, 일반적으로 전고점에서 30% 정도 하락한 시점이 매수에 적합한 기회가 될 수 있다고 본다. 결국 부동산 시장의 수요와 공급 분석도 중요하지만, 전고점 대비 가격의 저렴함을 기준으로 삼아 시기를 판단하는 것이 중요하다. 강남 아파트도 건물도 마찬가지다. 언젠가 가격이 조정되거나 보합이 온다. 그러다가 상승 에너지를 비축하고 다시 올라가는 것이다.

무조건 서울만이 정답이 아닐 수도 있다

...

서울은 우리나라에서 가장 높은 부동산 수요가 집중되는 지역으로, 언제나 시장의 중심이자 유동성의 변화를 가장 빠르게 반영하는 곳이다. 하지만 서울이라고 해서 항상 가격이 오르는 것은 아니다. 매수와 매도 타이밍에 대한 신중한 고민이 필요하다.

서울 아파트 매매가격 변동을 나타내는 그래프(2013년 1월~2024년 10월)를 보면, 2013년 3분기부터 시작된 상승세가 쉴 틈 없이 지속되어 2022년까지 거의 9년간 이어졌음을 확인할 수 있다. 2018~2019년에 여러 정책이 발표되어 일시적 하락도 있었지만, 빠

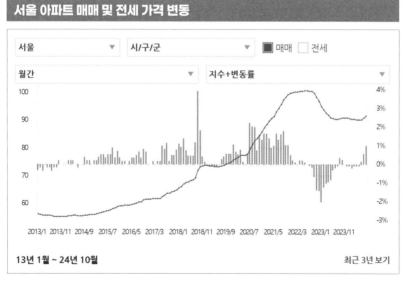

출처: 아실

나는 청약 통장을 버리고 경매로 건물주가 되었다

르게 회복하며 꾸준히 우상향 곡선을 그렸다.

2021년에 서울 아파트 가격이 꾸준히 오르는 걸 보며 나도 투자 결심을 했다. 하지만 당시 서울의 아파트 가격은 이미 8년째 상승 중이었고, 언제까지 오를지에 대한 확신이 없어 결국 포기했다. 자산 가격은 언제까지나 오를 수 없다고 생각하기에, 나는 이미 오랜 기간 오른 자산에는 투자하지 않는 원칙을 세우고 있다.

그래서 나는 부동산 경매라는 방법을 선택해 시세보다 낮은 가격에 부동산을 매입해 안정성을 높였다. 주거용 부동산 대신 비주거용 자산에 투자했다. 공장을 매입하고 NPL을 통해 건물까지 매입하는 성공적인 성과를 얻었다. 만약 같은 시기에 서울 아파트에 투자했다면 어땠을까?

결국 서울 아파트가 항상 정답은 아닐 수 있다. 비싼 가격에 좋은 자산을 매입하기보다 저렴한 시점과 안정된 자산을 선택하는 것이 더 안전하다고 판단된다. 물론 실거주 목적이라면 접근 방식은 조금 다르다. 자녀 교육, 직장 접근성 등 다양한 변수를 고려해야 하며, 자금 상황과 인생 계획에 맞춰 현명한 결정을 내리는 것이 중요하다.

2024년 하반기를 지나고 있는 지금도 서울 아파트 가격은 1년 사이에 꽤 많이 올랐다. 그러나 자금 여유가 있고 실거주를 고려하는 무주택자라면 서울에 한 채를 마련하는 것이 괜찮다고 본다.

그 이유는 첫째, 화폐가치는 계속해서 떨어지고 인플레이션(물가 상승)은 실물자산인 부동산 가격을 지속적으로 끌어올리기 때문이다. 물가 상승을 방어하는 목적도 크다.

둘째, 서울은 앞으로 몇 년간 공급 부족 상태를 피하기 어려울 것이다. 새로 지을 땅이 부족해 재건축이나 재개발에 의존해야 하는데, 이 과정은 상당한 시간이 소요된다.

셋째, 일자리, 교육, 교통 등 우수한 주변 환경이 갖춰진 서울에 대한 수요는 점차 더 커질 것이다. 공급량 증가는 한계가 있는 반면 수요는 계속해서 늘어나는 것이다.

결국 장기적으로 보면 서울 부동산을 매수하는 것에 동의한다. 다만 이러한 큰 목표를 가지되, 당장 자금 여력이 되지 않는 분들도 많다. 이런 경우에는 리스크는 상대적으로 높지만 그만큼 수익률도 높은 투자가 필요하다. 투자금이 적은 분들은 지방에서부터 시작해 점차 서울로 올라오는 방법이 최선이라고 생각한다.

가격 상승이 더딘 곳은 걸러내라

...

우리가 투자하려는 지역이 상승장일 때 상급지 아파트부터 하급지 아파트까지 대부분의 아파트 가격이 오르지만, 상대적으로 상승폭이 낮은 곳들이 있다. 이러한 곳들은 투자 시 특히 주의하거나, 별도의 전략을 세워 접근해야 한다.

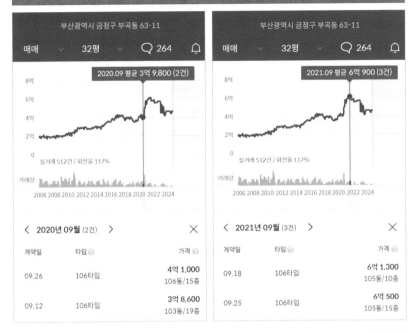

부산 부곡동 부곡SK 32평 거래가 변화

부산광역시 금정구 부곡동 63-11		
매매 ⌄	32평 ⌄	💬 264 🔔

2020.09 평균 3억 9,800 (2건)

8억
6억
4억
2억
0

실거래 512건 / 회전율 117%

거래량

2006 2008 2010 2012 2014 2016 2018 2020 2022 2024

‹ 2020년 09월 (2건) › ✕

계약일	타입 ⓘ	가격 ⓘ
09.26	106타입	4억 1,000 106동/15층
09.12	106타입	3억 8,600 103동/19층

부산광역시 금정구 부곡동 63-11		
매매 ⌄	32평 ⌄	💬 264 🔔

2021.09 평균 6억 900 (3건)

8억
6억
4억
2억
0

실거래 512건 / 회전율 117%

거래량

2006 2008 2010 2012 2014 2016 2018 2020 2022 2024

‹ 2021년 09월 (3건) › ✕

계약일	타입 ⓘ	가격 ⓘ
09.18	106타입	6억 1,300 105동/10층
09.25	106타입	6억 500 105동/15층

출처: 아실

부곡SK 아파트는 부산의 1천 세대가 넘는 단지로, 32평 기준으로 가격 급등 전 시세가 약 3억 원 후반에서 4억 원 초반 정도였다. 그 후 1년 동안 상승장에서 약 2억 원 가까이 오른 것을 확인할 수 있다. 비록 부산 내 메인 입지가 아니고, 연식이 꽤 된 구축 아파트임에도 불구하고 가격이 크게 상승한 것이다. 이를 통해 고정적인 수요와 일정 수준의 거래가 이루어지고 있다는 점이 상승 여력을 뒷받침한다는 것을 알 수 있다.

169

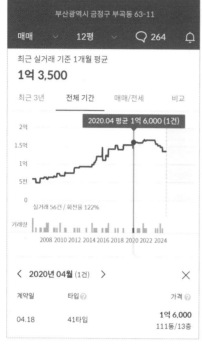
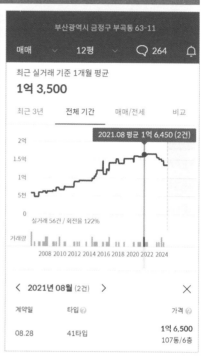

출처: 아실

같은 아파트의 10평대는 상승장이 오기 전 시세가 약 1억 6천만
원 정도였다. 그러나 같은 상승기에도 6층 매물이 1억 6,500만 원에
거래되며, 30평대와는 달리 거의 오르지 않은 모습을 보였다. 같은
단지 내 아파트라도 평수에 따라 상승률이 크게 차이 날 수 있다는
점을 보여주는 사례다. 물론 이 예시는 12평대 아파트라는 특수성
때문에 다소 극단적일 수 있다.

부산 장림동 극동정림 거래가 변화

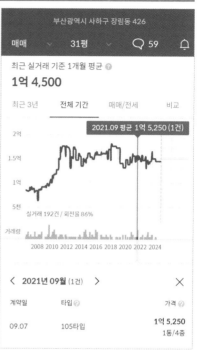

출처: 아실

　부산 장림동 극동정림 아파트를 보자. 상승장 이전에 해당 아파트의 시세는 약 1억 3,800만 원 정도였다. 1년이 지난 후 1억 5천만 원에 거래되었으나, 층수나 수리 여부를 고려하면 상승폭이 거의 없다고 봐야 한다. 이렇게 과거 상승장에서 가격 변화가 적었던 부동산을 확인함으로써 내가 투자하는 시점에 얼마나 가격이 오를 수 있을지 예측할 수 있다. 만약 투자하려는 아파트가 과거 상승기에도 큰 가격 변동이 없었다면, 투자에 유의해야 한다. 오를 가능성이 낮다면 투자에서 수익을 얻기 어려워 리스크도 커지기 때문이다.

이런 아파트는 그럼 투자 가치가 없을까? 전략에 따라 가능성이 있다. 예를 들어 경매에서만 가능한 경우다. 시세가 1억 5천만 원이라고 가정하고, 1억 3천만 원에 낙찰받는다면 기대 수익은 높지 않다. 하지만 1억 원 이하로 낙찰받을 수 있다면 상황은 달라진다. 보수적으로 80% 대출만 받더라도 실제 투자금 대비 100%가 넘는 수익률이 기대되고, 안전마진도 확보할 수 있다.

결국 기대 수익이 적거나 없으면 시세보다 현저히 낮은 가격에 낙찰받아야 투자 가치가 생긴다. 그렇지 않으면 더 좋은 대안을 찾는 것이 나을 수 있다. 같은 자금을 어느 시점, 어떤 투자에 쓰느냐에 따라 결과는 크게 달라진다. 작은 수익처럼 보여도 몇 년 후에는 귀중한 자산이 될 수 있음을 기억하자.

하락폭이 높으면서 기대수익 높은 부동산

...

결국 투자에 있어 가격이 어느 지점에 있느냐가 가장 중요하다. 장기적으로 보면 부동산 가격은 우상향해왔지만 단기적으로 보면 상승과 하락은 존재한다. 그래서 가격이 가장 낮은 지점에 있거나 높지 않은 지점에서 매수하는 것이 핵심이다.

앞서 고점 대비 가격 하락률이 30% 정도 됐을 때가 안정적이라는 기준을 세웠다. 다만 투자 지역의 부동산이 고점 대비 30% 이상 하락했더라도, 지역 분석을 통해 바로 투자할지 좀 더 기다릴지를 결정해야 한다. 가격이 많이 떨어진 상황이라도 지역의 회복 신호가 보일 때가 바로 투자 시점이다. 가격이 이미 30% 이상 떨어졌지만 투자해야 하는 경우와 투자를 좀 더 시간을 두고 투자해야 하는 경우를 어떻게 구분할까?

대구 집값 변동 그래프를 보자. 대구는 2017년을 기점으로 2021년 3분기까지 약 4년간 지속적으로 상승하다가 다른 지역보다 약 1년 일찍 하락세로 전환했다. 공급량 과잉과 장기간의 상승이 원인이었고, 하락장이 시작되면서 미분양 물량이 크게 늘어나 '미분양의 무덤'이라는 오명까지 얻었다. 이로 인해 하락폭 또한 예상보다 빠르게 확대되었다.

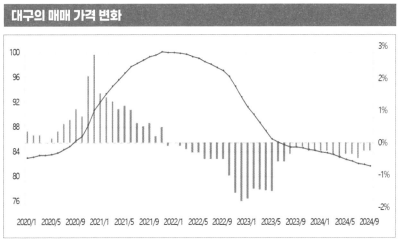

대구의 매매 가격 변화

출처: 아실

대구 수성구의 한 아파트 매매 가격 추이

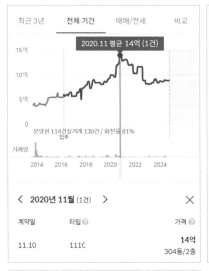

최근 3년   **전체 기간**   매매/전세   비교

```
2020.11 평균 14억 (1건)
```

15억

10억

5억

0

분양권 114건실거래 130건 / 회전율 81%
입주

거래량

2014 2016 2018 2020 2022 2024

< **2020년 11월** (1건) >   ✕

계약일	타입 ⓘ	가격 ⓘ
11.10	111C	**14억** 304동/2층

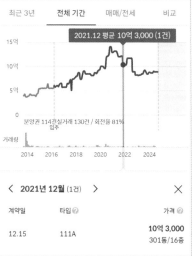

최근 3년   **전체 기간**   매매/전세   비교

```
2021.12 평균 10억 3,000 (1건)
```

15억

10억

5억

0

분양권 114건실거래 130건 / 회전율 81%
입주

거래량

2014 2016 2018 2020 2022 2024

< **2021년 12월** (1건) >   ✕

계약일	타입 ⓘ	가격 ⓘ
12.15	111A	**10억 3,000** 301동/16층

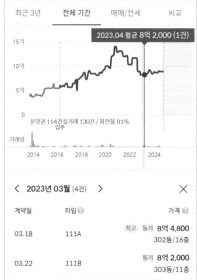

최근 3년   **전체 기간**   매매/전세   비교

```
2023.04 평균 8억 2,000 (1건)
```

15억

10억

5억

0

분양권 114건실거래 130건 / 회전율 81%
입주

거래량

2014 2016 2018 2020 2022 2024

< **2023년 03월** (4건) >   ✕

계약일	타입 ⓘ	가격 ⓘ
03.18	111A	최고 등기 **8억 4,800** 302동/16층
03.22	111B	등기 **8억 2,000** 303동/11층

출처: 호갱노노

대구 수성구의 아파트 매매가격 추이도 한번 살펴보자. 2020년 11월에 실거래가 14억 원으로 최고점을 찍었고, 이후 1년이 채 되지 않아 급격한 하락이 시작되었다. 2021년 12월에는 10억 3천만 원에 거래되어, 앞서 언급한 바와 같이 약 30% 가까이 하락했다. 그렇다면 이 가격에서 바로 매수할 타이밍일까? 그렇지 않다.

해당 아파트는 1년이 더 지나면서 가격이 8억 원 초반대까지 떨어졌다. 그렇다면 30% 이상 하락할 때까지 기다려야 한다는 의미일까? 그렇지도 않다. 30% 이상 하락할 거라고는 나 역시 예측하지 못했다. 다만 투자하려는 지역에서 단기간에 가격이 많이 하락했더라도 좀 더 시간을 두고 지켜볼 필요가 있다. 만약 추가 하락은 물론이고, 다시 가격이 회복될 때까지 많은 시간이 소요되기 때문이다.

하락이 시작되었다면 단기간에 시장이 회복되기 어렵다(물론 입주 물량이나 금리 등 다른 변수가 상승장을 유리하게 조성하는 경우는 예외다). 일반적으로 하락장은 시간을 두고 이어진다. 부동산은 주식과 달리 여전히 속도가 느린 시장이다.

그래서 해당 아파트에 투자할 경우라면 적어도 2023년 이후가 적절하다고 생각한다. 단순히 더 낮은 금액을 기대해서가 아니라, 과거 대구는 하락장에 접어들면 2년에서 길게는 4년 정도 하락을 지속했기 때문이다. 각 도시의 하락장 기간과 상승장 기간이 있다. 그래서 이 기간을 고려해서 어느 시점에 들어갈 것인지 같이 판단해야 한다. 하락장 초기에는 투자하지 않는 것이 좋다. 아무리 가격이 많이 떨어졌다고 해도 투자 기간이 길어지면 기회비용을 고려해야 한다.

결론적으로 하락장 초기가 아닌 어느 정도 하락이 진행된 시점에 투자를 고려하는 것을 추천한다. 지역을 분석할 때 해당 지역의 가격이 큰 폭으로 떨어졌더라도 다시 상승장으로 회복할 가능성을 함께 고려해야 한다.

지역 분석의 세 번째 변수 미분양

세 번째 변수는 미분양이다. 미분양이 줄어들고 있는지 늘어나고 있는지에 따라 그 지역의 투자 가능성을 평가할 수 있다. 미분양이 줄어들고 있다면 긍정적으로 판단할 수 있지만, 늘어나고 있다면 투자를 유의해야 한다.

앞서 언급한 두 가지 변수가 가장 핵심이지만, 그렇다고 나머지 변수가 중요하지 않은 것은 아니다. 미분양도 투자할 지역의 가격 상승 가능성을 높이는 데 중요한 참고 자료가 된다. 이 지표를 통해 지역의 심리와 부동산 분위기를 객관적으로 파악하여 투자 판단에 참고할 수 있다.

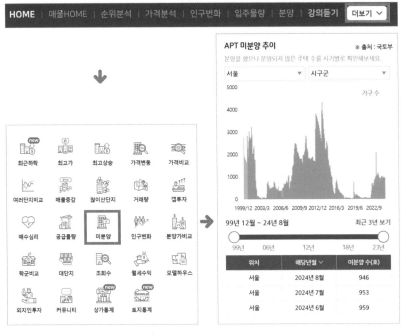

미분양 지표 확인하기

HOME | 매물HOME | 순위분석 | 가격분석 | 인구변화 | 입주물량 | 분양 | 강의듣기   더보기 ✓

출처: 아실

아실에서 미분양 지표를 쉽게 확인할 수 있다. 아실 홈페이지의 상단 카테고리에서 '더보기'를 클릭하면 아래쪽에 상세 메뉴가 나온다. 여기서 중앙의 '미분양'을 클릭하면, 전국 각 도시의 미분양 현황을 볼 수 있다.

그림은 서울의 미분양 자료로, 그래프와 함께 월별 미분양 수(호)도 함께 확인할 수 있다. 미분양이 얼마나 줄었고 늘었는지 한눈에 파악할 수 있는 자료다.

나는 청약 통장을 버리고 경매로 건물주가 되었다

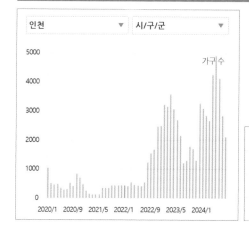

인천의 미분양 현황: 2021년

인천	2021년 5월	125
인천	2021년 4월	123
인천	2021년 3월	130
인천	2021년 2월	142

출처: 아실

인천의 2020년 1월부터 2024년 8월까지 미분양 현황을 그래프를 보자. 특히 인천의 분위기가 가장 좋았던 시기인 2021년 상반기에는 미분양 수가 약 100가구 정도로 매우 낮은 수준을 기록했다. 이처럼 미분양 수를 통해 해당 지역의 부동산 시장 상황을 간접적으로 판단할 수 있다.

다음 페이지의 인천의 분양 물량을 봐도 인천의 분위기가 뜨거웠던 것을 확인할 수 있다. 2020년과 2021년에 평균 약 3만 가구가 분양되면서도 불과 100여 가구만 미분양이었을 정도다. 수요가 강했고 시장 분위기도 좋았다.

그런데 과도한 공급으로 2022년 하반기에 미분양 물량이 갑작스럽게 5배 이상 급증하면서 하락세가 이어졌고, 2023년 이후로도 약 5천 가구까지 미분양이 쌓였다. 비록 2024년 8월 기준으로는 2천여

인천 아파트 분양 물량

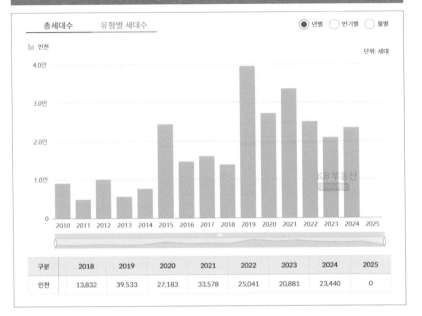

구분	2018	2019	2020	2021	2022	2023	2024	2025
인천	13,832	39,533	27,183	33,578	25,041	20,881	23,440	0

출처: KB부동산 데이터허브

인천의 미분양 현황: 2022년

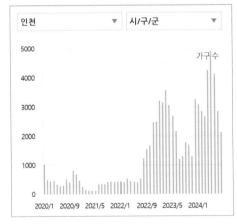

인천	2022년 12월	2,494
인천	2022년 11월	2,471
인천	2022년 10월	1,666
인천	2022년 9월	1,541
인천	2022년 8월	1,222
인천	2022년 7월	544

출처: 아실

나는 청약 통장을 버리고 경매로 건물주가 되었다

가구로 줄어들었지만, 2022년의 급격한 미분양 증가가 투자자들에게는 큰 경고 신호로 작용했음을 알 수 있다.

미분양 지표는 지역 부동산 시장의 흐름을 판단하는 데 중요한 지표다. 투자 시점에서 미분양 수가 급격히 늘어나는 상황은 공급 과잉과 수요 감소를 반영할 수 있어, 가격 하락의 가능성을 높인다. 이런 맥락에서, 2021년의 활황기에 인천 아파트에 투자했더라도 2022년의 미분양 증가로 가격 하락이 이어질 수 있었음을 예상할 수 있다.

이제 다른 지역들의 미분양 지표를 확인하며, 미분양 증가가 어떤 패턴으로 나타나고 이에 따른 의사결정을 어떻게 해야 할지 구체적으로 살펴보겠다.

미분양이 투자 의사결정에 미치는 영향

...

결국 미분양이 줄어드는지 늘어나는지를 판단함으로써 투자하고자 하는 지역의 미래를 유추해볼 수 있다. 미분양이 줄어들면 긍정적인 신호, 미분양이 늘어나면 부정적인 신호를 감지하면 된다.

다음 페이지의 자료는 대구의 미분양 현황을 나타낸 그래프로, 2020년 1월부터 2024년 8월까지의 데이터다. 대구는 2017년 3분기부터 상승 전환을 시작했고, 아파트 가격이 최고조였던 2020년에서 2021년 2분기까지 미분양 수는 인천과 비슷하게 약 100~400가구에 불과했다.

대구의 미분양 현황

APT 미분양 추이　　　　　　　　※ 출처 : 국토부

분양을 했으나 분양되지 않은 주택 수를 시기별로 확인해보세요.

대구	2021년 3월	153
대구	2021년 2월	195
대구	2021년 1월	419
대구	2020년 12월	280

대구	2021년 12월	1,977
대구	2021년 11월	2,177
대구	2021년 10월	1,933
대구	2021년 9월	2,093

대구	2023년 5월	12,733
대구	2023년 4월	13,028
대구	2023년 3월	13,199
대구	2023년 2월	13,987

출처: 아실

　그렇다면 하락세로 접어들었던 2021년 하반기와 최악의 하락기를 겪었던 2023년에는 미분양이 얼마나 증가했을까? 2021년 하반기에는 미분양 가구수가 대략 10배 가까이 늘어났다. 분양 물량은 많았지만, 수요는 이를 따라가지 못했기 때문이다. 이후 미분양의 무덤이라는 오명을 얻게 된 2023년 초에는 약 1만 4천 가구까지 치솟았다. 2021년 초에는 상상도 하지 못했던 수치였을 것이다.

　다시 대구의 미분양 지표를 살펴보자. 미분양이 늘어날 것으로 예상되는 시점에 투자하면 될까? 정답은 아니다. 반대로 미분양이 줄어들 것으로 예상되는 시점에는 투자를 고려할 수 있다. 미분양이 줄어드는 지역은 투자했을 때 가격이 올라갈 확률이 높기 때문이다. 2020~2021년에 대구에 투자한다면 단기 매도 외에는 투자 타이밍으로 적절하지 않았다.

결국 미분양 지표는 참고 지표로서 그 추세가 중요하다. 한 달 치 데이터만이 아니라 최근 3개월치 데이터를 함께 보아야 미분양이 증가하고 있는지 줄어드는지 혹은 유지되고 있는지를 확인할 수 있다.

그러면 당시 미분양이 그렇게까지 늘어날 것이라는 예측이 어떻게 가능했을까? 그 답은 첫 번째 변수로 언급했던 입주 물량과 분양 물량에 있다. 2020년과 2021년에 대구 투자를 고려했다면 입주 물량이 과다하다는 것을 충분히 확인할 수 있었을 것이다. 입주 물량이 소화되지 않으면 분양 물량도 영향을 받고, 이는 부동산 심리를 위축시켜 분양을 꺼리게 하고, 결국 미분양 증가로 이어진다.

다음 페이지 그래프는 전주의 2019년 1월부터 2024년 8월까지의 미분양 추이를 보여준다. 전주는 2019년 하반기부터 상승 국면에 진입했으며, 2019년 중반까지는 약 300세대 정도의 미분양이 있었다. 광역시들에 비해 적어 보일 수 있으나, 인구수 대비로 보면 결코 적은 수준은 아니다. 미분양 세대수는 절대적인 숫자도 중요하지만 그 추세가 더 중요하다. 즉, 미분양이 감소하는지 증가하는지를 봐야 한다.

이후 시장 분위기가 변하면서 미분양은 어떻게 되었을까? 그래프에서 확인할 수 있듯이, 미분양이 전혀 없다. 이는 분양 물량과 입

전주의 미분양 현황

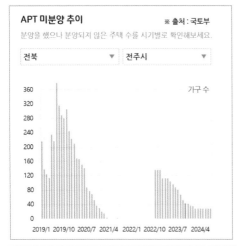

APT 미분양 추이 ※ 출처 : 국토부

분양을 했으나 분양되지 않은 주택 수를 시기별로 확인해보세요.

| 전북 | ▼ | 전주시 | ▼ |

가구 수

전북 전주시	2019년 10월	280
전북 전주시	2019년 9월	288
전북 전주시	2019년 8월	315
전북 전주시	2019년 7월	379

전북 전주시	2022년 8월	0	전북 전주시	2021년 11월	0
전북 전주시	2022년 7월	0	전북 전주시	2021년 10월	0
전북 전주시	2022년 6월	0	전북 전주시	2021년 9월	0
전북 전주시	2022년 5월	0	전북 전주시	2021년 8월	0
전북 전주시	2022년 4월	0	전북 전주시	2021년 7월	1
전북 전주시	2022년 3월	0	전북 전주시	2021년 6월	0
전북 전주시	2022년 2월	0	전북 전주시	2021년 5월	0
전북 전주시	2022년 1월	0	전북 전주시	2021년 4월	0
전북 전주시	2021년 12월	0	전북 전주시	2021년 3월	2

주 물량이 거의 없었기 때문에 가능했던 수치다. 이 시기 동안 전주는 수도권이나 광역시 못지않게 빠르게 상승했다.

미분양이 늘어나고 줄어드는 것은 그 지역의 수요 수준을 파악하는 데 유용하다. 미분양이 많으면 매수 심리나 수요가 위축된 상태를 의미하고, 반대로 미분양이 적으면 매수 심리가 높고 수요가 많은 상황임을 나타낸다.

마지막으로 미분양 지표 관련 질문에 대한 간단한 답을 내려보자.

① 미분양 지표를 보고 투자할 때는 어떤 도움을 받을 수 있을까?

미분양 지표를 통해 미분양이 많은 지역은 투자에 유의하고, 미분양이 줄어드는 지역은 투자 대상으로 고려할 수 있다. 중요한 것은 미분양의 절대 수치가 아닌 그 추세로, 미분양이 늘어나고 줄어드는 흐름을 통해 투자 의사결정에 도움을 받을 수 있다.

② 2021년도로 다시 돌아가면 대구 아파트에 투자를 할 것인가?

지금까지 잘 따라왔다면 대구 아파트에 투자하지 않는 것이 정답이다. 당시 많은 사람이 시장 과열과 심리적 요인에 휩쓸려 투자를 결정했지만, 우리는 상황을 객관적으로 보고 원칙을 지키는 투자가 필요하다.

2021년도에 입주 물량, 분양 물량, 미분양 지표를 함께 본다면 투자가 적합하지 않다는 것을 쉽게 확인할 수 있다. 미분양 지표만으로 판단하는 것은 충분치 않으며, 다른 변수들도 함께 검토해야 올바른 투자 결정을 내릴 수 있다.

지역 분석의 네 번째 변수 청약 경쟁률

청약 경쟁률은 해당 지역의 매수 심리와 수요를 파악하는 중요한 지표다. 청약 통장은 분양 아파트에 청약하기 위한 필수 조건으로, 많은 사람이 청약 통장을 가지고 있다. 왜 청약 경쟁률이 중요할까? 청약자들의 심리를 알면 이해할 수 있다.

청약자는 주로 두 가지 이유로 청약에 나선다. 첫째, 신축 아파트에 입주하고자 하는 욕구다. 기존에 낡은 아파트에서 오래 살았거나, 신축 아파트 주변에 오랫동안 거주해온 사람들은 보다 깨끗하고 커뮤니티 시설이 잘 갖춰진 새 아파트로 이사하고 싶어 한다.

둘째, 청약을 통한 차익을 기대하거나 투자를 목적으로 하는 수요다. 비록 현재 분양권 단기 매도 시 약 70%의 세금을 부담해야 하

'로또 분양' 그렇게 몰리더니...서울 1순위 평균 청약경쟁률 '역대 최고치'

입력: 2024-10-14 09:42 권준영 기자

10억 시세차익에...'청담 르엘' 당첨 커트라인 74점

최윤서 인턴 기자 = 시세차익 10억원의 로또로 2만여명의 신청자가 몰렸던 서울 강남구 청담동 '청담 르엘'의 청약 최소 당첨 가점이 74점에 달하는 것으로 나타났다. 이는 15년 이상 무주택을 유지한 4인 가구도 청약...

"당첨 되면 10억" 이번달 '로또 청약'은 어디?

당첨만 되면 시세 차익이 수 억원 가량 예상되는 '로또 청약'이 수백 대 일의 높은 경쟁률을 기록하는 가운데 이번 달 로또 청약 일정에 관심이 쏠리고 있다. 특히 이번 달엔 입지가 좋은 강남 지역에 '분양가 상한제'가 적...

출처: 네이버

는 등 분양권 투자가 쉽지 않지만, 청약 당첨 후 큰 차익을 얻을 수 있는 기회가 여전히 존재하기 때문이다.

사람들이 청약에 큰 기대감을 가지는 이유는 당첨 시 수천만 원에서 많게는 수억 원의 차익을 기대할 수 있기 때문이다. 다만 이른바 '로또 청약'이라 불리는 단지의 경쟁률은 청약 경쟁률을 평가할 때 참고는 할 수 있지만 그 지역의 실제 매수 심리와 수요를 정확히 반영하는 기준으로 삼기에는 적합하지 않다. 로또 청약 단지는 비교적 낮은 조건만 충족하면 누구나 청약할 수 있어 실제 수요와 매수 심리가 과장되기 때문이다.

무순위 청약 역시 경쟁률을 왜곡할 수 있다. 무순위 청약은 가점과 관계없이 무작위로 추첨하여 당첨자를 선정하며, 만 19세 이상이라면 전국 어디에서나 신청 가능하기 때문에 누구나 시간만 내면 청약 신청이 가능하다.

2024년 경기도 화성시 '동탄역 롯데캐슬' 무순위 청약의 경우 1명 당첨에 294만 명이 몰려 청약홈 사이트가 마비되는 상황까지 벌어졌다. 이는 묻지마 청약과 비슷하게, 특정 단지에 대한 기대감으로 인해 발생한 과열 현상이다. 이렇게 극단적인 청약 경쟁률은 시장의 매수 심리나 실제 수요를 정확히 반영하지 못해 지역 분석에 활용하기에는 무리가 있다.

2018년 기사를 보자. 대구 달서구의 아파트 분양 당시 경쟁률이 최대 155:1이었다. 당시 분양가는 34평 기준 4억 원 후반으로, 인근 아이파크 시세 5억 3천만 원에 비해 약 5천만 원 정도 저렴하게 분양되었다. 시세보다 조금 저렴한 점과 더불어 청약 제도 변경 예정으로 더 많은 관심을 끌었던 것 같다. 이런 조건을 제외하더라도 2018년 당시 대구의 부동산 분위기는 활발했다. 큰 차익이 생기는 건 아니었지만 높은 경쟁률을 기록할 수 있었다.

청약 경쟁률을 참고할 때는 이러한 사례들이 유의미하다. 주변 시세 대비 몇억 원씩 저렴한 '로또 청약'은 오히려 지표로서 의미가 낮다. 그렇다면 이런 청약 경쟁률을 투자에 어떻게 활용할 수 있을까?

나는 청약 통장을 버리고 경매로 건물주가 되었다

최대경쟁률 155:1...강남 못지않은 지방 로또청약 열풍

무주택자 위주 청약제도 변경 앞두고 막바지 투자수요 대거 몰려

이철규 기자 기자페이지 ▾   입력 2018·11·13 13:24:19   💬 f

인근의 탑부동산 관계자는 "한동안 달서구 지역에 신규 아파트 공급이 없었던 상황에서 청약제도까지 변경 초읽기에 돌입하자 대구는 물론 전국에 투자자들이 다 모인 것 같다"며 "당첨만 된다면 프리미엄이 붙을 것이 확실했기에 너도나도 청약을 넣은 것 같다"고 분석했다.

또 다른 부동산 관계자는 "세금 문제 때문에 청약이 끝난 시점에서 바로 파는 경우는 없지만 당첨자 발표 후 벌써 2000만원 정도의 프리미엄이 붙은 상태다"며 "삼정그린코아 포레스트의 경우 입지조건이 워낙 좋아 인근에 자리한 아이파크 만큼의 가격 상승을 예상하고 있다"고 설명했다. 이 관계자에 따르면 현재 2016년 입주를 시작한 아이파크의 경우 5억 3000만원 정도에 거래되고 있다.

11월 말 분양제도의 변경을 앞두고 청약 경쟁률이 높아지는 데 대해 권대중 명지대학교 부동학과 교수는 "지방의 경우 아직 미분양이 많은 편이라 도심과 외곽, 지역에 따라 극과 극을 달리는 경우가 많지만 지난달 정부가 11월 말을 기해 새로운 청약제도를 시행하겠다고 발표하면서 수도권 청약시장은 물론 지방도 달아오르고 있다"고 설명했다.

이어 "특히 이번 청약제도 규제 정책이 1주택자 이상을 가진 사람들의 청약을 제한하는 정책이다 보니 기존 주택자를 포함해 실거주자들이 대거 청약에 나서고 있다"며 "당분간 주택시장은 이미 시세가 오를데로 오른 서울보다는 수도권의 주요 지역으로 관심이 쏠릴 것으로 보인다"고 전망했다.

출처: 스카이데일리

청약경쟁률을 확인하는 방법

•••

먼저 청약경쟁률을 확인하는 방법을 보자.

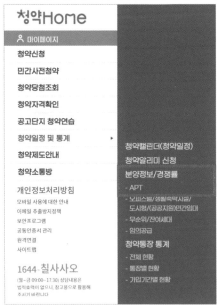

나는 청약 통장을 버리고 경매로 건물주가 되었다

한국부동산원에서 운영하는 청약홈 사이트(applyhome.co.kr)의 홈 화면이다. 왼쪽 중간 목록에서 '청약일정 및 통계' 항목을 클릭한 뒤, 오른쪽의 '분양정보/경쟁률'에서 'APT'를 선택하면 된다.

최대 12개월의 청약경쟁률을 확인할 수 있는데 본인이 원하는 연도와 날짜를 선택한다. 여기에서는 두 가지를 설정할 수 있다. 주택은 민영과 국민이 있다. 국민주택은 국가, LH 등이 건설하는 주거전용면적 85m² 이하의 주택을 말한다. 민영주택은 그 외의 주택인데, 국민주택은 청약 조건이 민영에 비해 까다롭고 조건에 부합하는 비중이 적으니 여기에서는 제외하고 보겠다.

다음은 공급지역을 선택하면 된다. 전국을 전체로 볼 게 아니고 특정 지역의 경쟁률을 볼 거니까 내가 관심 가지는 지역을 선택해주면 된다.

지역	주택 구분	분양/임대	주택명 ▲▼	시공사	문의처	모집공고일	청약기간 ▲▼	당첨자발표 ▲▼	특별공급 신청현황	1·2순위 경쟁률
서울	민영	분양주택	잠실 래미안아이파크 ⓐ	삼성물산(주), 에이치디씨현대산업개발(주)	☎ 02-407-3069	2024-10-11	2024-10-21 ~ 2024-10-24	2024-10-30	신청현황	경쟁률
서울	민영	분양주택	마포 에피트 어바닉	에이치엔디앤아이한라 주식회사	☎ 1555-3111	2024-09-27	2024-10-07 ~ 2024-10-10	2024-10-16	신청현황	경쟁률
서울	민영	분양주택	하우스토리 센트럴포레	남광토건 주식회사	☎ 02-6215-2020	2024-09-27	2024-10-07 ~ 2024-10-10	2024-10-16	신청현황	경쟁률
서울	민영	분양주택	디에이치 대치 에델루이	현대건설(주)	☎ 02-577-4301	2024-09-26	2024-10-08 ~ 2024-10-14	2024-10-18	신청현황	경쟁률 ⓐ
서울	민영	분양주택	청담 르엘	롯데건설(주)	☎ 1522-4370	2024-09-06	2024-09-19 ~ 2024-09-24	2024-09-30	신청현황	경쟁률
서울	민영	분양주택	올림픽파크 서한포레스트	(주)서한	☎ 02-486-5252	2024-08-30	2024-09-09 ~ 2024-09-11	2024-09-20	신청현황	경쟁률
서울	민영	분양주택	연신내 양우내안애 퍼스티지	양우건설(주)	☎ 1551-3477	2024-08-30	2024-09-09 ~ 2024-09-11	2024-09-20	신청현황	경쟁률
서울	민영	분양주택	라체르보 푸르지오 써밋	(주)대우건설	☎ 02-555-1281	2024-08-23	2024-09-02 ~ 2024-09-04	2024-09-10	신청현황	경쟁률
서울	민영	분양주택	디에이치 방배	현대건설(주)	☎ 02-587-1922	2024-08-16	2024-08-26 ~ 2024-08-29	2024-09-04	신청현황	경쟁률
서울	민영	분양주택	더 트루엘 마곡 HQ	일성건설(주)	☎ 1566-8228	2024-08-01	2024-08-12 ~ 2024-08-14	2024-08-21	신청현황	경쟁률

2023년 12월부터 2024년 11월의 서울 청약 경쟁률을 목록을 보자. 서울에서 청약이 진행되었거나 진행되고 있는 단지들이 쭉 나온다. 중간중간에 로또 청약으로 뜨거웠던 단지들도 보인다. 그중에 디에이치 방배의 경쟁률을 보겠다.

청약접수 경쟁률

주택형	공급 세대수	순위		접수 건수	순위내 경쟁률 (미달 세대수)	청약결과	당첨가점			
							지역	최저	최고	평균
059.8600A	33	1순위	해당지역	6,016	182.30	1순위 해당지역 마감(청약 접수 종료)	해당지역	69	76	70.14
			기타지역	0	-					
		2순위	해당지역	0	-		기타지역	0	0	0
			기타지역	0	-					
059.5300B	63	1순위	해당지역	14,684	233.08	1순위 해당지역 마감(청약 접수 종료)	해당지역	69	79	71.31
			기타지역	0	-					
		2순위	해당지역	0	-		기타지역	0	0	0
			기타지역	0	-					
059.8000C	12	1순위	해당지역	2,394	199.50	1순위 해당지역 마감(청약 접수 종료)	해당지역	73	74	73.8
			기타지역	0	-					
		2순위	해당지역	0	-		기타지역	0	0	0
			기타지역	0	-					
084.9800A	329	1순위	해당지역	25,527	77.59	1순위 해당지역 마감(청약 접수 종료)	해당지역	69	75	69.98
			기타지역	0	-					
		2순위	해당지역	0	-		기타지역	0	0	0
			기타지역	0	-					
084.9500B	92	1순위	해당지역	4,247	46.16	1순위 해당지역 마감(청약 접수 종료)	해당지역	69	74	69.17
			기타지역	0	-					
		2순위	해당지역	0	-		기타지역	0	0	0
			기타지역	0	-					
084.9800C	56	1순위	해당지역	2,165	38.66	1순위 해당지역 마감(청약 접수 종료)	해당지역	69	72	69.08
			기타지역	0	-					
		2순위	해당지역	0	-		기타지역	0	0	0
			기타지역	0	-					

59A 타입을 보면 33세대를 공급하는데, 6,016건의 청약 신청이 들어왔다. 그래서 경쟁률은 182.3:1이다. 그리고 오른쪽은 가점으로 당첨된 사람들의 최저, 최고 점수와 평균까지 알려준다.

총합계	650		58,684

그리고 맨 아래를 보면 위의 내용을 확인할 수 있다. 해당 아파트는 650세대를 청약으로 모집했고 58,684건의 청약이 접수된 것이다. 그러면 평균 경쟁률은 대략 90:1 정도 된다는 것을 확인할 수 있다.

이렇게 시기별로 해당 지역의 청약 경쟁률이 상승하는지 하락하는지를 확인하는 것이 중요하다. 미분양 지표를 분석할 때처럼 절대적인 경쟁률보다는 추세가 어떻게 움직이는지를 주목해야 한다. 예를 들어 미분양이 계속 발생하던 상황에서 청약 경쟁률이 갑자기 20:1 이상으로 올랐다든지, 평균 80:1이 넘었던 경쟁률이 20:1 이하로 줄었다면 어떤 이유로 그런 변동이 일어났는지 반드시 시장 상황을 점검해야 한다.

청약 경쟁률을 통해 심리가 어떻게 변화했는지 살펴보자. 다음은 서울의 부동산 분위기가 금리 인상으로 침체되었던 시기, 즉 2022년 5월부터 2023년 4월까지의 데이터를 기준으로 한 것이다.

지역	주택 구분	분양/임대	주택명 ▲▼	시공사	문의처	모집공고일	청약기간 ▲▼	당첨자발표 ▲▼	특별공급 신청현황	1·2순위 경쟁률
서울	민영	분양주택	엘리프 미아역 2단지	계룡건설산업(주)	☎ 02-929-5554	2023-04-13	2023-04-24 ~ 2023-04-26	2023-05-03	신청현황	경쟁률
서울	민영	분양주택	엘리프 미아역 1단지	계룡건설산업(주)	☎ 02-929-5554	2023-04-13	2023-04-24 ~ 2023-04-26	2023-05-04	신청현황	경쟁률
서울	민영	분양주택	휘경자이 디센시아	지에스건설 주식 회사	☎ 1661-0703	2023-03-24	2023-04-03 ~ 2023-04-05	2023-04-11	신청현황	경쟁률
서울	민영	분양주택	센트레빌 아스테리움 시그니처	동부건설(주)	☎ 1877-5447	2023-02-27	2023-03-09 ~ 2023-03-13	2023-03-17	신청현황	경쟁률
서울	민영	분양주택	영등포자이 디그니티	지에스건설(주)	☎ 1660-3765	2023-02-23	2023-03-06 ~ 2023-03-08	2023-03-14	신청현황	경쟁률
서울	민영	분양주택	등촌 지와인	한동건설(주)	☎ 1644-5513	2023-02-22	2023-03-06 ~ 2023-03-08	2023-03-14	신청현황	경쟁률
서울	민영	분양주택	마포 더 클래시	HDC현대산업개 발(주),SK에코플 랜트	☎ 02-365-1419	2022-12-09	2022-12-19 ~ 2022-12-21	2022-12-27	사업주체문의	경쟁률
서울	민영	분양주택	강동 헤리티지 자이	지에스건설 주식 회사	☎ 1544-9918	2022-12-09	2022-12-19 ~ 2022-12-22	2022-12-29	신청현황	경쟁률
서울	민영	분양주택	올림픽파크 포레온	현대건설(주), HDC 현대산업개발(주), (주)대우건설, 롯데 건설(주)	☎ 02-474-9505	2022-11-25	2022-12-05 ~ 2022-12-08	2022-12-15	신청현황	경쟁률
서울	민영	분양주택	장위자이 레디언트	지에스건설(주)	☎ 1833-2644	2022-11-25	2022-12-06 ~ 2022-12-09	2022-12-16	신청현황	경쟁률

　눈에 익은 단지들이 보인다. 그중 올림픽파크 포레온(구 둔촌주공)은 뉴스에도 자주 등장하는 단지로, 현재는 프리미엄이 적게는 수억 원, 많게는 15억 원 이상 붙은 단지다. 2022년 12월에 청약을 진행했을 당시, 부동산 시장 분위기는 최악에 가까웠다. 그렇다면 그 시점에 경쟁률이 어떻게 나왔는지 확인해보자.

청약접수 경쟁률

□ 올림픽파크 포레온

청약접수 결과 입주자모집공고에 명시한 일반공급 가구수 및 예비입주자선정 가구 수에 미달 시 후순위 청약접수를 받습니다.

주택형	공급 세대수	순위		접수 건수	순위내 경쟁률 (미달 세대수)	청약결과	당첨가점			
							지역	최저	최고	평균
029.9700A	5	1순위	해당지역	64	12.80	1순위 해당지역 마감(청약 접수 종료)	해당지역	54	67	59
			기타지역	0	-					
		2순위	해당지역	0	-		기타지역	0	0	0
			기타지역	0	-					
039.9500A	541	1순위	해당지역	560	1.04	청약 접수 종료	해당지역	0	0	0
			기타지역	225	-					
		2순위	해당지역	154	-		기타지역	26	64	37.09
			기타지역	97	-					
049.9500A	424	1순위	해당지역	656	1.55	청약 접수 종료	해당지역	20	69	37.51
			기타지역	235	-					
		2순위	해당지역	121	-		기타지역	0	0	0
			기타지역	83	-					
059.9900A	936	1순위	해당지역	4,879	5.21	1순위 마감(청약 접수 종료)	해당지역	51	77	59.58
			기타지역	1,197	-					
		2순위	해당지역	0	-		기타지역	0	0	0
			기타지역	0	-					
059.9800B	302	1순위	해당지역	1,119	3.71	2순위 해당지역 마감(청약 접수 종료)	해당지역	49	72	58.57
			기타지역	559	-					
		2순위	해당지역	584	-		기타지역	0	0	0
			기타지역	451	-					

주택형	공급 세대수	순위		접수 건수	순위내 경쟁률
084.9900A	209	1순위	해당지역	1,968	9.42
			기타지역	0	
		2순위	해당지역	0	
			기타지역	0	
084.9900B	21	1순위	해당지역	138	6.57
			기타지역	0	
		2순위	해당지역	0	
			기타지역	0	
084.9900C	75	1순위	해당지역	188	2.51
			기타지역	236	
		2순위	해당지역	160	
			기타지역	115	
084.9900D	188	1순위	해당지역	465	2.47
			기타지역	314	
		2순위	해당지역	163	
			기타지역	106	
084.9800E	563	1순위	해당지역	1,512	2.69
			기타지역	434	
		2순위	해당지역	204	
			기타지역	132	
084.9900F	47	1순위	해당지역	183	3.89
			기타지역	108	
		2순위	해당지역	0	
			기타지역	0	
084.9800G	19	1순위	해당지역	76	4.00
			기타지역	39	
		2순위	해당지역	0	
			기타지역	0	

나는 청약 통장을 버리고 경매로 건물주가 되었다

올림픽파크 포레온의 청약 경쟁률은 평균 10:1도 되지 않았다. 이는 당시 시장의 침체된 분위기를 그대로 반영한다. 하지만 현재 프리미엄은 예상치를 훨씬 웃도는 수준까지 치솟았다. 당시 청약이 미달된 점을 고려할 때, 청약 경쟁률이 그 지역의 시장 심리와 분위기를 명확하게 대변한다는 것을 알 수 있다.

결론적으로 투자하려는 지역의 시장 분위기와 심리 변화를 살피는 것은 매우 중요하다. 청약 경쟁률을 통해 해당 지역의 시장이 과열되었는지, 침체되어 있는지를 확인하고, 이 정보로 앞으로의 방향성을 판단하는 것이 투자에 도움이 된다.

4장

2025년
부동산 시장 전망

자산 시장의 격변 속 부동산 시장 상황

코로나19 이후 자산 폭등

...

코로나19 팬데믹 동안 전 세계 자산 시장은 전례 없는 변동성을 경험했다. 무제한적인 자금 공급이 이루어졌고, 이는 자산 가격 상승을 크게 부추겼다. 부동산 시장 또한 예외가 아니었다. 앞으로의 부동산 시장 흐름을 예측하고 대응하기 위해, 최근 몇 년간 이 시장이 어떤 영향을 받았는지 면밀히 살펴보는 것이 중요하다.

2020년 2월, 코로나19 확산

[뉴스큐] 국내 코로나 확진자 총 156명...전국으로 확산 양상

국내 코로나19 확진자. 어제보다 52명이 추가돼서 지금까지 총 156명으로 늘었습니다. 대부분 대구경북 지역에서 늘었지만 오늘은 전국으로 확산하는 양상도 보였습니다.

출처: YTN(뉴스큐)

우리나라에서 코로나19가 발생한 2020년 1월 이후인 2월에 작성된 기사를 보자. 당시 전국에 코로나19가 확산되려는 시기였다. 혼란이 극심했던 시기로, 이후 오프라인 행사, 모임, 술집, 카페 등 사람들이 모이는 공간이 빠르게 텅 비었다. 우리나라뿐 아니라 전 세계적으로 경제성장률이 급락하고 경제 전반이 위축되었다. 이에 따라 대다수 국가가 경기부양책으로 유동성 공급을 선택하게 되었는데, 이는 마른 시장에 자금을 풀어 단기적이나마 경제를 활성화하려는 조치로 평가할 수 있다.

이후 각 지자체에서 재난지원금을 지급한다는 기사가 나온다. 전 국민을 대상으로 한 긴급재난지원금 지급이 결정되었다. 정부가 긴급재난지원금을 지급할 때 자금은 별도로 마련되는 것이 아니라 기금 등에서 재원을 마련하는데, 예산 규모만 해도 12조 원이 넘었다.

이렇게 시장에 대규모 자금이 한꺼번에 풀렸고, 대출금 지원 등으로도 상당한 금액이 유입되었다. 이 시기는 사상 유례없는 저금리 시대였으며, 저금리 대출을 받는 사람들이 많아지면서 시중에 돈이

나는 청약 통장을 버리고 경매로 건물주가 되었다

[두유노우] 코로나19에 멈춘 민생경제..'재난기본소득' 푼다

서울시 거주하는 중위소득 100% 이하 가구 대상.. 최대 50만원
보편적 재난기본소득 물꼬 튼 울주군... 경기도 지자체 참여 이어져

서울시 거주하는 중위소득 100% 이하 가구 대상.. 최대 50만원
보편적 재난기본소득 물꼬 튼 울주군... 경기도 지자체 참여 이어져

출처: 파이낸셜 뉴스

넘쳐났다.

미국과 유럽을 비롯해 전 세계가 유동성 정책을 펼치면서 시중에는 돈이 넘쳐났다. 이러한 자금은 자연스럽게 자산 시장으로 이동하며 다양한 자산 가격을 끌어올렸다. 부동산, 주식, 비트코인뿐만 아니라 원자재 가격도 함께 상승했다. 풍부한 유동성 속에서 저금리로

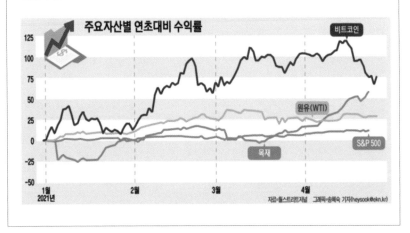

자산 인플레이션 시대…주식·부동산·원자재·비트코인·목재 다 올랐다

[에너지경제신문 박성준 기자] 주식 비트코인은 물론, 건축 재자 등까지 모든 자산 가격이 치솟았다. 미 중앙은행인 연방준비제도(Fed·연준)의 '제로 금리' 기조와 이에 따른 투자자들의 개선된 투자심리 등이 맞물린 결과로 해석된다. 그러나 다양한 자산이 한꺼번에 오르는 것은 드문 현상인 만큼 글로벌 시장이 거품 상태에 접어들었다는 공포가 커지고 있다는 분석도 제기되고 있는 상황이다.

출처: 에너지 경제

대출을 받아 투자에 나선 이들이 만들어낸 결과였다. 이 과정에서 파이어족(경제적 독립과 조기 은퇴를 이룬 사람)을 동경하거나 파이어(퇴직)했다는 말이 유튜브 등을 통해 흔히 들리기도 했다. 코로나19 팬데믹 이후의 유동성과 저금리로 인해 자산 가격이 큰 폭으로 상승한 것이다.

전례 없는 부동산 폭등기의 시작

...

시중에 풀린 자금은 다시 안전자산과 투자자산의 역할을 하는 부동산으로 유입되었다. 그 결과, 2020년 3~4분기부터 전국의 아파트 가격이 동시다발적으로 폭등하기 시작했다.

2020년 12월 기사에 따르면 전국 아파트 가격 상승률이 8년 7개월 만에 최대치를 기록했다. 특히 지방의 상승폭이 수도권의 두 배 이상 높아, 수도권 아파트만이 투자 정답이 아님을 보여준다(많은 사람이 지금 시점에서 인구 감소를 이유로 지방 부동산에 대해 부정적 시각을 가짐과 동시에, 당시 지방 아파트 상승세를 기억하지 못하는 경우가 많다).

비슷한 시기에 젊은 세대들 사이에서 부동산과 관련한 신조어도 등장했다. '벼락거지'는 부동산 폭등 시기에 무주택자로 남은 상황을 자조적으로 표현한 말이며, '패닉바잉'은 폭등하는 부동산 가격에 대한 불안감으로 인해 가격에 관계없이 매입하는 심리를 뜻한다. 그만큼 혼란한 시장이었다.

2021년 4분기 기준, 서울 중산층이 중간 가격대 주택을 구입하는 데 걸리는 시간이 13.2년이라는 통계가 나왔다. 이는 주택 구매 능력을 나타내는 지표인 PIR(Price to Income Ratio)에 기반한 결과다. 집값 상승이나 하락세를 가늠할 때 소득 수준의 변화를 함께 고려하기 위해 고안된 지표다. PIR은 주택 가격을 가구당 연소득으로 나눈 값으로, 주택 가격 상승이나 소득 변화를 반영해 주택 구매 가능성을 평가하는 데 쓰인다. 예를 들어 PIR이 5라면 가구가 5년치 소득을

전세난이 쏘아 올린 '집값 폭등'...전국 아파트값 8년7개월만 최대 상승

뜨겁게 불 붙은 집값이 꺼질 줄 모를 기세다. 전국 아파트값은 통계 작성 이후 8년 7개월만에 최고 상승률을 찍었고, 서울·수도권은 물론 지방 집값까지 불길이 번지는 양상이다. 지방 집값 상승폭은 수도권의 두 배에 달했다.

강남, 지방 집값 일제히 고개 들어

한국부동산원이 10일 발표한 12월 첫째 주(7일 기준) '전국 주간 아파트 가격동향'에 따르면, 이번주 전국 아파트 매매가격은 지난주보다 0.27% 올랐다. 이는 지난주 상승률(0.24%)보다 0.03%포인트 높아진 것으로, 한국부동산원이 이 통계를 내기 시작한 2012년 5월 이후 8년 7개월 만에 최고 수준이다. 한국부동산원은 한국감정원의 새 이름이다.

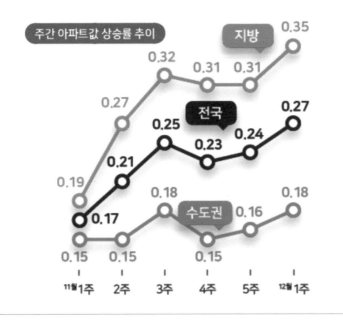

출처: 한국일보

나는 청약 통장을 버리고 경매로 건물주가 되었다

2022년 3월, 서울 중산층 PIR 13.2년

서울 중산층 '13.2년' 한푼 안쓰고 모아야 내집마련

작년 3분위 PIR '역대 최고'···주택 구매력 '역대 최저'
"집값 급등 속 소득은 제자리···대출 규제 탓 더 어려워"

최근 3년간 서울 중산층 PIR
단위 %

13.2
12.6
9.2 9.3 9.1 9.3 8.9 8.7 9 9.2 9.3 9.5

1분기 2분기 3분기 4분기 1분기 2분기 3분기 4분기 1분기 2분기 3분기 4분기
2019년   2020년   2021년

출처: 뉴스1

모아야 주택 한 채를 구매할 수 있다는 뜻이다. 주택 가격이 오르면 PIR이 증가해 주택 구매가 더 어려워진다.

한국부동산원에 따르면 중산층의 PIR은 2012년 이후 보통 7.5에서 9.5 사이를 기록했지만, 부동산 급등기였던 이 시점에 13.2까지 상승했다. 이는 당시 아파트 가격이 얼마나 많이 올랐는지 단편적으로 보여준다.

아파트 시장의 규제, 투자자들의 틈새시장

　전국의 아파트 가격이 오르면서 강력한 규제들도 이어졌다. 대출 제한, 다주택자 세금 중과 등 말이다. 그러면서 시장참여자들은 그 틈을 비집고 투자를 할 수 있는 방법을 찾았다. 지식산업센터, 아파텔, 공시지가 1억 원 이하 아파트 등이다. 기회였을까 독이었을까.

　다음은 수익형 부동산인 지식산업센터의 인기를 실감할 수 있는 기사다. 분양가 대비 1~2년 만에 3배 이상 오른 곳도 있었고, 분양 시작과 동시에 완판되거나 프리미엄이 수천만 원에서 억대로 붙기도 했다. 당시 대출 한도는 최대 90%까지 가능했고, 즉시 전매가 가능하며, 주택과 달리 규제도 없어 투자자들의 관심을 받았다. 지식산업센터는 동일 건축물에 지식산업, 정보통신업, 제조업 등의 기업

　　　　　　　　나는 청약 통장을 버리고 경매로 건물주가 되었다

아파트값 뛰어넘는 지식산업센터...평당 3000만원, 틈새 상품 맞아?

성수동 A공인중개소 관계자는 "현재 성수동에 위치한 지식산업센터에는 공실이 거의 없는 상태"며 "수요가 계속 받쳐주니 가격이 상승하고 있다"고 말한다.

주택 시장 거래가 주춤하면서 반사이익으로 수익형 부동산인 지식산업센터 인기가 치솟고 있다. 아파트를 중심으로 한 정부 규제에서 한발 비켜나 있다는 인식 때문이다.

서울 성동구 성수동 지식산업센터가 3.3㎡당 3000만원에 거래되는 등 지식산업센터 몸값이 갈수록 높아지는 분위기다. 벤처, 스타트업의 오피스 수요가 높아지면서 사무용 오피스 품귀 현상이 빚어진 것도 영향을 미쳤다. 다만 전문가들은 최근 지식산업센터 시장이 지나치게 과열된 만큼 투자에 옥석을 가리는 것이 중요하다고 조언한다.

▷ 분양가 대비 3배 폭등한 곳도

지식산업센터는 공장, 지식산업, 정보통신업을 영위하는 기업이 있는 3층 이상의 건축물을 말한다. 근대화 계획의 일환으로 등장한 만큼 과거에는 당시 명칭대로 '아파트형 공장' 이미지가 강했다. 최근에는 여러 특화 설계를 적용하고 다양한 시설이 들어서며 인식이 바뀌고 있다.

출처: 매일경제

이 3층 이상 입주해 있는 시설을 말한다. 입주 기업에는 세금 혜택이 제공되고, 입지는 지하철역과 가까워 접근성이 좋고 쾌적해 실수요자와 투자자 모두의 인기를 끌었다. 서울의 성수, 문정, 구로디지털단지, 가산디지털단지 등에서 큰 상승세를 보였고, 이후 평택, 안양, 고양 등 경기도까지 지식산업센터 분양이 확대되면서 많은 투자자가 몰려들었다.

같은 기간 동안 또 다른 주목을 받은 부동산이 있었으니, 바로 아파텔이다. 아파텔은 아파트와 오피스텔을 합친 신조어로, 주거용 오

아파트 폭등 여파...서울·경기 오피스텔 매매 전년比 48% 증가

서울과 경기의 올해 오피스텔 매매 건수가 전년보다 50% 가까이 늘어난 것으로 나타났다. 아파트 시장이 진입하기 어려울 정도로 올라 상대적으로 매매가가 낮은 오피스텔을 선택한 수요자가 몰린 것으로 분석된다.

27일 부동산 플랫폼 '다방'을 서비스하는 스테이션3가 국토교통부 실거래가 자료를 통해 서울과 경기 오피스텔 매매 건수를 살펴본 결과 올해 초부터 9월 24일까지 총 2만8273건으로, 전년 같은 기간보다 48% 증가한 것으로 나타났다.

서울 오피스텔 매매는 1만3918건, 경기는 1만4355건으로, 전년보다 각각 34.2%, 64.4% 늘었다. 같은 기간 서울 아파트 매매는 3만7046건, 경기는 12만8762건으로 전년보다 각각 40.5%, 29% 감소했다.

경기도의 경우 전용 60㎡ 초과 오피스텔 매매 비중도 올해 25.9%(3714건)에 달했다. 최근 남양주 별내와 위례, 광교, 고양 삼송 등에 '아파텔(주거용 오피스텔)'이 많이 들어섰고, 상대적으로 아파트보다 가격이 낮아 대체 주거상품으로 수요자의 관심을 끈 영향이다.

출처: 스카이데일리

피스텔을 가리키지만 건축법상 공식 용어는 아니다. 보통 전용면적 60~85m²로 방 2~3개, 거실과 주방 등을 갖춰 아파트와 비슷한 구성을 가진 것이 특징으로, 원룸이나 투룸형 오피스텔과는 차별화된다(출처: 네이버 지식백과). 기존 소형 오피스텔보다 넓어 아파트 가격이 급등하는 상황에서 주거 불안을 해소하려는 수요가 몰리면서 인기를 끌었다. 단지와 외형이 아파트와 비슷하고 커뮤니티 시설도 갖춰져 외관상 큰 차이가 없고, 상업 지역에 주로 지어지다 보니 교통과 상권이 좋은 경우도 많았다.

그 결과 아파텔 청약 경쟁률은 수백 대 1에서 수천 대 1에 달하

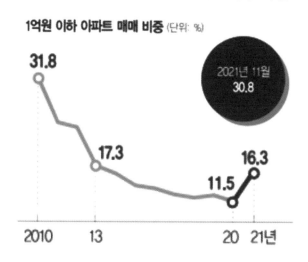

2021년 11월, 1억 원 이하 아파트 거래 늘어

10건 중 3건···'1억 이하 아파트' 거래 이상 과열

1억원 이하 아파트 매매 비중 (단위: %)

2021년 11월
30.8

31.8

17.3

11.5

16.3

2010   13   20 21년

경기도 안성시 공도읍의 2,295가구 규모 '주은청설' 아파트는 올 들어 지난 10일까지 벌써 851차례 손바뀜 됐다. 2018년 180건, 2019년 282건이었던 거래량은 지난해 408건으로 껑충 뛰었고 올해가 지나기도 전에 벌써 전년의 두 배를 넘어섰다. 전용면적 39~59㎡로 구성된 이 아파트 공시가격은 올해 최고 8,600만 원이다. 공시가 1억 원 이하 주택이 다주택자 취득세 중과 대상에서 배제되며 이 같은 거래량 폭증 현상이 일어난 것이다.

출처: 서울경제

기도 했다. 예를 들어 힐스테이트 과천청사역 오피스텔의 경우 분양가가 22억 원에 달하는데도 12만 명이 청약을 넣어 약 1,400:1의 경쟁률을 기록했다. 지금 서울에서 '로또 청약'이라 불리는 아파트 청약과 맞먹는 경쟁률로, 시장이 얼마나 과열되었는지 보여주는 사례다.

다음으로 주목받은 투자처는 공시지가 1억 원 이하의 아파트였다. 세금 규제로 취득세가 높아지면서 일반 다주택자들이 투자를 꺼리는 상황에서 특히 주목을 받았다.

당시 정부는 공시지가 1억 원 이하의 아파트에 대해서는 취득세를 면제해주었기 때문이다. 공시지가는 정부가 정한 토지 기준 가격으로, 쉽게 말해 아파트 세금을 산정하는 기준 가격이다. 실제 시세와는 차이가 있으며, 평가 시점 등에 따라 시세보다 낮게 책정된다. 예를 들어 실제 시세가 10억 원이라면 공시지가는 약 6억 원 정도로, 보통 시세의 60~70% 수준으로 결정된다. 이로 인해 공시지가 1억 원 이하 아파트는 다주택자들 사이에서 크게 인기를 끌었고, 이 아파트들의 가격은 큰 폭으로 상승했다.

경남 지역에 위치한 공시지가 1억 원 이하 아파트 투자 사례를 보

경남 1억 원 이하 아파트 거래 현황

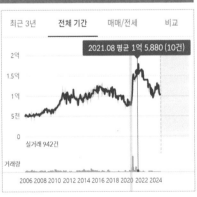

출처: 아실

나는 청약 통장을 버리고 경매로 건물주가 되었다

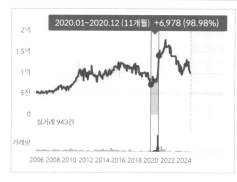

출처: 호갱노노

자. 30년이 넘은 이 아파트는 재건축 호재가 없고, 소형 평형 위주에 입지 조건도 탁월하다고 할 수 없었다. 2020년 9월에는 시세가 약 7천만 원대였으나, 1년 후 거의 두 배 가까이 상승했다. 광역시도 아니고, 인구 100만 명 이하의 중소도시 아파트 가격이 두 배 오른 것은 매우 놀라운 일이었다.

주목할 점은 거래량의 증가다. 2019년 이 아파트는 약 20건이 거래됐지만, 2020년에는 거래량이 120건을 넘었다. 별다른 재건축 호재도 없는 아파트가 이렇게 주목을 받은 것은 공시지가 1억 원 이하의 투자 대상을 노린 투자자들이 집중적으로 몰렸기 때문이다. 이처럼 시장은 점점 과열되어 갔다.

부동산 상승의 끝은
어디였을까

    폭발적으로 상승했던 부동산 가격이 주춤거리기 시작하면서 규제의 틈새를 이용해 투자했던 자산들이 위기를 맞이하게 되었다. 지식산업센터, 아파텔, 공시지가 1억 원 이하 아파트 등으로 몰렸던 투자 열풍은 분위기 반전과 함께 모두 힘든 상황에 놓이게 되었다.

    2022년 기사에 따르면, 불과 2년 전만 해도 단기간에 수익을 낼 수 있는 대표적인 투자처였던 지식산업센터(지산)의 분위기가 완전히 반전되었다. 당시 분양만 받아도 수천만 원의 차익을 얻을 수 있어 분양 성적이 매우 좋았던 지산은 수도권을 중심으로 공급이 크게 늘어났다. 2020년 기준으로 수도권에 481개였던 지산은 단 2년 만에 약 3배 가까이 증가했다. 그동안 빠르게 치솟은 지산 가격으로 인

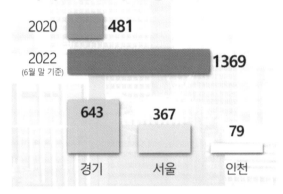

'먹구름' 드리우는 지식산업센터…"2~3년 내 어려움 커질 것"

지식산업센터 현황 (단위:개)

2020	481
2022 (6월 말 기준)	1369

경기	서울	인천
643	367	79

12일 한국산업단지공단에 따르면 2010년 전국 481곳에 불과했던 지식산업센터는 올해 6월 말 1369곳으로 늘었다. 특히 수도권에 집중돼 있다. 수도권 소재 지식산업센터는 ▲경기 643개 ▲서울 367개 ▲인천 79개 등 1089곳으로 전체의 80%를 차지한다.

하지만 투기 과열로 인한 부작용이 곳곳에서 나타나고 있다. 특히 수요가 몰리면서 시행사와 건설업자들은 분양가를 계속 높이는 추세다. 가산디지털단지 내 지식산업센터의 3.3㎡당 분양가는 과거 600만~700만원 수준에서 최근 2000만원까지 뛰어 올랐다. 송파나 성수 등의 지식산업센터는 3000만원에 근접한 상황이다. 이런 곳에서 오르는 월세를 감당하기 어려운 중소기업들은 경기도 외곽으로 밀려나고 있다.

지식산업센터가 우후죽순 들어선 탓에 수익률이 낮아지다 보니 분양을 받았다가 급매물을 내놓는 경우도 늘고 있다. 업계에 따르면 1200실 규모인 경기도 광명시 일직동 G지식산업센터는 지난해 말 입주가 시작된 이후 최근에는 분양가 이하 매물이 등장했다. 경기도 김포시의 S지식산업센터에선 분양가보다 2000만원 낮은 급매물이 나왔다. 수원시 T지식산업센터의 기숙사 한 곳은 최근 분양가보다 1000만원 가량 낮은 가격에 새로운 주인을 찾고 있다.

출처: 시사저널이코노미

해 신규 분양가도 높아졌으며, 상승한 월세를 감당하지 못해 사업체가 떠나는 상황이 발생하기 시작했다. 이에 따라 미분양이 증가했고, 한때 프리미엄이 붙었던 지산 분양권에서도 마이너스 프리미엄

'영끌' 능력 안 돼 산 아파텔…'역차별'로 사회초년생 발만 '동동'

부동산 업계에 따르면 분양·입주권에 '마이너스 프리미엄(마피)'이 붙은 주거형 오피스텔(아파텔) 매물이 속출하고 있다.

2월 입주를 앞둔 성남시 수정구 판교밸리자이 3단지 오피스텔 전용 84㎡ 분양권은 8억6600만 원에 매물로 나왔다. 해당 면적 분양가가 9억5600만원이었던 점을 고려하면 계약금에 해당하는 10%(9000만원)가량을 낮춰 매물로 내놓은 것으로 추정된다. 이 단지는 2021년 1월 진행한 청약에서 282실 모집에 6만5503명이 신청하면서 834대 1의 경쟁률을 보였다.

출처: 뉴스웍스

이 나타나는 현상이 발생했다(현재 상황은 더욱 악화되었다).

아파텔 역시 마찬가지 상황이다. 판교에서 분양했던 34평형 아파텔은 분양가가 9억 5,600만 원이었지만, 최근 9천만 원 낮은 가격에 매물로 나왔다고 한다. 이 단지는 한때 청약 경쟁률이 834:1에 달할 정도로 인기가 높았지만, 단순히 아파트의 대체재로 각광받았던 만큼 거품이 생길 수밖에 없었고, 점차 사람들의 관심에서 멀어졌다. 입지 선호도가 높았기에 오히려 잔금을 치를 능력이 부족한 사람들이 단기 차익을 노리고 접근한 경우가 많았다. 실제로 내 주변에도 아파텔 투자를 통해 많은 손해를 본 사례가 많다. 당시에는 계약금 10%만 있으면 돈을 벌 수 있을 것이라는 생각에 분양을 받았겠지만, 이미 분양가가 높게 형성된 상황이었을 것이다.

이처럼 잔금 시기가 다가오면서 매도조차 되지 않고 대출도 어려워지는 상황에서 아파텔에 접근하는 방식은 리스크가 너무 크다.

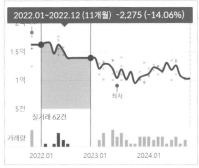

출처: 호갱노노

앞서 사례로 들었던, 2020년에 120건 넘게 거래된 아파트의 2022년 거래량은 단 9건에 불과했다. 공시지가 1억 원 이하 투자 열풍이 본격적으로 시작된 2020년에 비해 90% 이상 거래량이 급감한 것이다. 이와 함께 가격 하락까지 이어지며 짧은 기간 반짝했던 공시지가 1억 원 이하 투자는 막을 내렸다.

투자금이 적게 들어간다고 해서 반드시 좋은 투자가 되는 것은 아니다. 진정한 좋은 투자는 적은 투자금으로 높은 수익률을 안정적으로 실현할 수 있는 곳에 있다. 매수는 누구나 할 수 있지만, 매도는 원하는 대로 이루어지지 않는다. 언제나 다양한 플랜을 준비하고 최악의 상황까지 대비하는 자세가 필요하다.

부동산 하락기의 시작, 그 원인

...

미국의 급격한 금리 인상에 발맞추어 우리나라 역시 역사상 유례 없는 속도로 금리가 상승했다. 이로 인해 시장 심리는 급격히 얼어붙었고, 그동안 치솟았던 부동산 가격은 결국 민낯을 드러내기 시작했다. 시장에는 암흑의 그림자가 드리우며 많은 시장 참여자가 조용히 자취를 감추었다.

부동산 시장이 급격히 무너진 주요 배경은 바로 급격한 금리 인상이었다. 한때 0.25%의 기준금리를 유지하던 미국은 자국 내 실업률 증가, 물가 상승, 경기 침체 우려로 인해 1년 만에 기준금리를 4.5%까지 끌어올렸다. 이에 따라 0.5%였던 우리나라의 기준금리도 2022년에만 3.25%로 상승했다. 미국과 금리 차가 커지면 외국인 자금이 더 높은 수익률을 찾아 미국으로 유출되고 원화 가치가 하락할 위험이 있어, 미국이 금리를 올리면 우리나라도 이를 따라가게 된다.

이러한 금리 인상은 주택담보대출, 신용대출 금리를 1년 사이에 2~3%에서 6~7% 이상으로 끌어올렸다. 2금융권 대출 금리는 더 가파르게 상승했다. 금리 인상은 곧 대출 이자의 증가를 의미하며, 월 100만 원이던 이자 부담이 200만~300만 원으로 급격히 늘어나게 된다. 이렇게 늘어난 이자 부담을 견디기 어려워진 대출자들이 보유한 아파트는 팔리지 않았고, 오히려 가격은 계속해서 하락하며 이중고를 겪게 되었다.

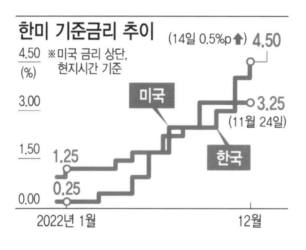

[2022 M&A]질주하던 자본시장, 기준 금리에 무릎 꿇다

윤기 흐르던 자본 시장이 일 년 만에 돌변한 이유는 가파른 기준 금리 인상이다. 시장 관계자들 모두 간과한 사실은 금리가 이 정도로 오를 줄은 몰랐다는 것이다. 급기야 일각에서는 '올라 봐야 얼마나 오르겠어'라거나 '금리가 시장을 좌우하던 시기는 지났다'는 얘기도 있었다. 부풀어난 유동성에 기댄 시장의 자신감이 충만했던 시기다.

출처: 이데일리

대출금리는 10년 만에 최고치를 기록하며 단기간에 거의 두 배 가까이 상승했다. 특히 '영끌 투자'를 감행했던 2030세대는 되돌릴 수 없는 선택에 대한 책임을 져야 했다. 3억~4억 원이던 아파트에서 1억 원 이상의 역전세가 발생하거나, 대출 이자를 감당하지 못해 경매로 넘어가는 사례가 속출했다.

급격한 금리 인상의 여파는 참혹했다. 상승장 막바지에 시장에

2022년 12월, 대출 금리 현황

가계대출금리 10년 8개월만에 최고…주담대는 8개월만에 하락(종합)

비은행금융기관 주요 예금 및 대출 금리
(신규취급액 기준)

(연 %, %p)

		2020.12	2021.12	2022.9	2022.10	2022.11ᴾ	월중 등락
예 금	상호저축은행 (정기예금, 1년)	2.04	2.47	3.77	5.22	5.82	0.60
	신용협동조합 (정기예탁금, 1년)	1.67	2.14	3.66	4.59	5.39	0.80
	상 호 금 융 (정기예탁금, 1년)	1.07	1.62	3.38	4.33	5.27	0.94
	새 마 을 금 고 (정기예탁금, 1년)	1.62	2.20	3.71	4.68	5.44	0.76
대 출	상호저축은행 (일반대출)	9.94	9.48	11.04	11.31	11.96	0.65
	신용협동조합 (일반대출)	3.92	4.12	5.43	5.79	6.52	0.73
	상 호 금 융 (일반대출)	3.33	3.68	4.88	5.38	5.85	0.47
	새 마 을 금 고 (일반대출)	3.98	3.98	5.34	5.76	6.59	0.83

주 : p는 잠정치

출처: 연합뉴스

뛰어든 투자자들은 궁지에 몰렸고, 부동산 가격이 하락하면서 매물을 내놔도 팔리지 않자 시장에는 공포감만이 커져갔다. 부동산으로 돈을 벌던 시대가 끝났다는 이야기가 퍼져나가며 매수 심리는 바닥을 쳤다. 미국이 어디까지 금리를 올릴지 예측할 수 없었기 때문에 심리가 되살아나지 않았고, 언론은 부정적인 기사들로 도배되었다. 향후 몇 년간은 투자해서는 안 된다는 분위기가 형성되었고, 모두가 이에 공감하는 듯했다. 금리 인상과 매수 심리의 죽음으로 부동산 가격은 폭락하기 시작했다. 역사상 전례 없는 하락이 빠르게 진행되

나는 청약 통장을 버리고 경매로 건물주가 되었다

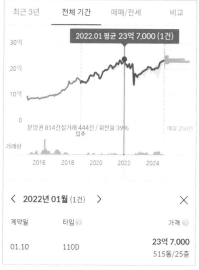
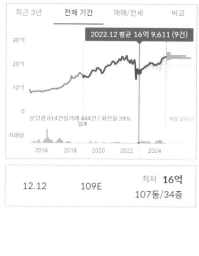

출처: 아실

며, 1년도 안 되는 사이에 적게는 30%, 많게는 40% 이상 가격이 떨어진 지역이 생겨났다. 지방도 서울도 예외가 아니었다.

헬리오시티는 한때 최고 23억 7천만 원에 실거래가 이루어지며 부동산 시장의 정점을 찍었다. 하지만 1년도 되지 않은 시점에서 최저 16억 원에 거래되며, 1년 만에 7억 원 이상 하락했다. 단기간에 30% 넘게 가격이 빠지는 것은 IMF나 금융위기 때보다도 빠른 하락 속도였다.

대구 수성구에 위치한 빌리브범어 아파트도 예외는 아니었다. 한때 15억 4천만 원에 실거래가를 기록했으나, 이후 10억 2천만 원까

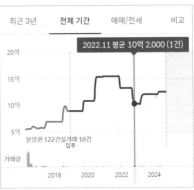

지 가격이 하락해 약 30% 이상 빠졌다. 특히 구축 아파트나 입지가 덜 선호되는 곳의 하락률은 더욱 컸다.

　결론적으로 부동산 가격 하락의 가장 큰 원인은 급격한 금리 인상이었고, 이로 인해 시장 심리가 급격히 위축된 것이다.

부동산은 무조건 하락하지도 무조건 상승하지도 않는다

수년간 회복이 어려울 것처럼 보였던 부동산 가격이 2023년 초부터 반등하기 시작했다. 물론 이번 반등은 전국적으로 일어난 것은 아니며, 수도권과 일부 지방 지역에서만 제한적으로 상승세가 나타났다.

2023년 초부터 급락했던 아파트 가격이 서울 일부 지역에서 서서히 회복하는 모습을 보이기 시작했다. 예를 들어 서울 강동구의 고덕 그라시움 아파트는 13억 8천만 원까지 하락했다가 16억 원대로 거래되었다. 서울의 다른 구에서도 가격 하락폭이 점차 줄어들고 있었다. 이러한 회복세의 배경에는 정부의 부동산 규제 완화 기조, 대출 금리의 소폭 하향 조정, 특례보금자리론 실행으로 인한 유동성 증가

부동산 지표 '기지개'...일부 지역은 상승 반전

서울 강동구 고덕동 5천여 가구에 가까운 대단지 신축 아파트

잇따른 고금리와 경기침체 우려로 전용면적 84m²가 올 초 13억 8천만 원까지 떨어졌습니다.

하지만 최근 급매물이 소진되면서 16억 원대까지도 거래됐습니다.

[서울 고덕동 공인중개사무소 : 지금 급매가 거의 다 소진돼 가지고 금액이 조금 올라갔지요. 그다음에 주인들도 금액을 올리고 있고. 그래서 금액이 높아지다 보니까 거래는 안 되고 보합으로 가는 것 같아요.]

출처: YTN

가 있었다. 여기에 가격이 충분히 떨어졌다고 판단한 시장 참여자들의 유입도 원인이 되었다.

부동산 시장이 극도로 불안해지자, 정부는 이를 방관할 수 없었고 특례보금자리 대출이 등장했다. 주택 가격이 9억 원 이하인 차주가 소득 제한 없이 최대 5억 원까지 대출을 받을 수 있도록 한 것이다. 시중 금리보다 낮은 대출 금리를 제공하며 소득 제한까지 없앤 덕분에 시장에 유동성을 불어넣을 수 있었다. 이러한 정책의 영향으로 거래량이 증가했고, 서울의 일부 지역은 부동산 가격이 소폭 회복되는 모습을 보였다.

2023년 6월 이후 서울을 비롯한 인천, 세종 등의 매매 가격 지수가 상승세로 전환되면서 강남, 서초, 송파, 용산 등 주요 입지의 부동산 가격이 일시적으로 반등했다. 상승폭은 이전만큼 강하지 않았지만, 이전에 하락했던 가격이 10% 이상 회복되었다. 그러나 9월이 지

1.30일부터 특례보금자리론 신청을 접수합니다.

- 금리상승기 4%대 고정금리 모기지론 공급으로 주거안정망 확충 -

주요 내용

☐ '23.1.30.(월)부터 기존의 보금자리론에 일반형 안심전환대출, 적격 대출을 통합한 **특례보금자리론**을 **1년간 한시 운영**합니다.

○ 대상 **주택가격이 9억원 이하인 차주가**, **소득제한 없이**, **최대 5억원** 까지 **LTV · DTI 한도 안에서 이용 가능**합니다.(DSR은 미적용)

○ 시중 주담대보다 **낮은 금리**를 **1월말부터 적용**(주택가격 6억이하&부부합산 소득 1억이하: **4.65~4.95%**, 주택가격 6억초과 또는 소득 1억초과: **4.75-5.05%** / 차주특성별로 **최대 90bp 우대차감**)하되 **시장금리 상황, 주금공 가용재원** 등을 **감안**하여 **필요시 조정할 예정**입니다.

가. 지원대상

☐ **(주택가격) 9억원 이하 주택**이 **대상**입니다.

* KB시세＞한국부동산원 시세＞주택공시가격＞감정평가액 순으로 적용

☐ **(소득)** 기존 보금자리론(7천만원 이하)과 달리 **소득제한은 없습니다.**

* 다만, 우대금리 적용 등을 위해서는 본인·배우자 소득자료 증빙 필요

☐ **(자금용도) 구입용도**(주택구입), **상환용도**(기존 대출상환), **보전용도**(임차 보증금 반환) **총 3가지 용도**로 **구분**됩니다.

☐ **(주택수) 무주택자**(구입용도)·**1주택자**(상환·보전용도)가 **신청 가능**합니다.

* 대체취득을 위한 일시적 2주택자의 경우 기존 주택을 처분(2년이내)하는 것을 조건으로 취급 가능

출처: 금융위원회

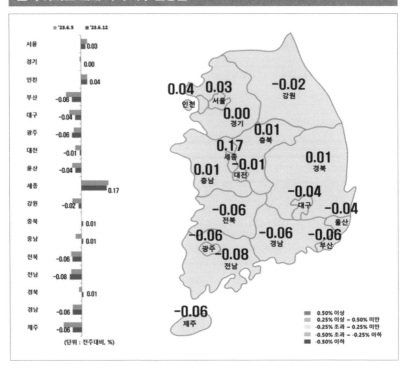

전국 아파트 매매 가격 지수 변동률

출처: 연합뉴스

나면서 다시 부동산 시장의 분위기가 가라앉았다.

시장의 의견은 두 가지로 갈렸다. 하나는 현재의 회복세가 일시적 현상일 뿐이며 조만간 다시 하락할 것이라는 주장, 다른 하나는 새로운 장기간 상승장이 올 것이라는 주장이었다. 이후 어떻게 되었을까?

반포에 있는 한 아파트는 28억 원에서 멈춰 있던 가격이 34억 원까지 올라 6억 원이나 상승했다. 잠실의 한 아파트 역시 20억 원에서

나는 청약 통장을 버리고 경매로 건물주가 되었다

반포 아파트 가격 추이

출처: 아실

잠실 아파트 가격 추이

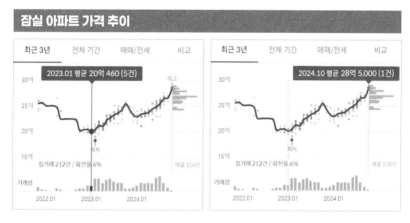

출처: 아실

거래되던 가격이 28억 원을 넘어서며 8억 원 이상 올랐다. 이와 함께 '얼죽신'이라 불리는 신축 선호 현상이 더욱 확산되고 있다.

'국평' 50억시대 개막 … 반포 '아리팍' 신고가 경신

'아리팍'으로 불리는 서울 서초구 반포동 '아크로리버파크' 전용 84㎡가 50억원에 거래됐다. '국민평형'으로 불리는 84㎡가 50억원을 돌파한 건 이번이 처음이다.

30일 국토교통부 실거래가 공개시스템에 따르면 해당매물은 지난달 29일 종전최고 가대비 3억4000만원 오른 50억원에 매매계약서를 썼다.

출처: 뉴데일리 경제

래미안원베일리 국민평형 60억 신고가...3.3㎡당 2억 시대 눈앞

[서울=뉴스핌] 이동훈 기자 = 서울 서초구 반포동 대장 아파트 '래미안 원베일리' 전용면적 84㎡가 역대 최고 가인 60억원에 거래됐다.

10일 국토교통부 실거래가공개 시스템에 따르면 래미안 원베일리 전용 84㎡ 9층은 지난달 2일 60억원에 거래됐다. '국평'아파트 중 역대 최고가로 3.3㎡당 2억원 시대를 눈앞에 뒀다.

출처: 뉴스핌

반포의 아크로리버파크는 34평 기준으로 50억 원에 거래되었다. 한때 30억 원대 중반까지 떨어졌으나 10억 원 이상 상승하며 고가를 회복했다. 원베일리의 경우에는 60억 원에 실거래가 이루어졌고, 평당 2억 원을 향해 가는 시세를 기록 중이다. 물론 이 신고가가 계속해서 갱신되지는 않겠지만, 이러한 거래는 중요한 시사점을 준다. 부동산 시장에서도 양극화 현상이 뚜렷해지고 있음을 보여주는 것이다.

부동산 시장은 지속해서 하락하거나 상승만 하지는 않는다. 가장 기본적인 사실이지만, 이를 인지하면 시장의 잡음에 휘둘리지 않고 자신만의 투자 원칙을 지켜나갈 수 있다.

지금까지 코로나19 팬데믹 이후 부동산 시장의 흐름을 되짚어 보았다. 이는 2025년 부동산 시장과 경매 시장의 변화를 전망하기 위한 준비였다. 그렇다면 2025년 부동산과 경매 시장은 어떻게 전개될까?

2025년 부동산 시장을 전망하다

결국 부동산 시장의 미래를 예측하기 위해서는 금리, 시장 유동성, 그리고 정부의 규제와 완화라는 세 가지 주요 요소를 살펴봐야 한다. 이 세 가지 요인이 어떻게 작용하는지에 따라 시장 심리가 달라지며, 이는 곧 가격의 등락으로 이어지게 된다.

한국은행은 2024년 10월 11일, 마침내 3.5%였던 기준금리를 3.25%로 0.25%p 인하했다. 금리가 오르기만 하던 지난 3년간의 상승세가 멈춘 것이다. 금리를 예측하는 것은 신의 영역에 가깝다고도 하지만, 현재 미국의 대내외 상황을 고려할 때 기준금리가 더 내려갈 확률이 상대적으로 높게 점쳐지고 있다. 미국 대선 이슈와 금리 인하 속도 조절이 변수로 남아 있지만, 나 역시도 금리 인하 가능성에 무

나는 청약 통장을 버리고 경매로 건물주가 되었다

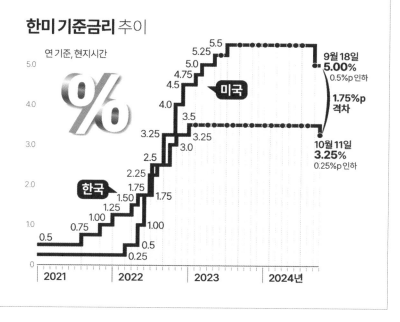

통화긴축 시대 3년2개월만에 끝났다…기준금리 0.25%p 인하(종합)

한국은행 금융통화위원회(이하 금통위)는 11일 열린 통화정책방향 회의에서 현재 3.50%인 기준금리를 3.25%로 0.25%포인트(p) 낮췄다.

2021년 8월 0.25%p 인상 이후 이어진 통화 긴축 기조를 마무리하고 완화 시작을 알리는 3년 2개월 만의 피벗(통화정책 전환)이고, 금리 인하 이력 자체로만 보면 2020년 5월 이후 4년 5개월 만에 처음이다.

출처: 연합뉴스

게를 두고 있다.

만약 금리가 인하되는 방향으로 간다면 이는 부동산 시장에 아주 큰 변수로 작용할 것이다. 주택 가격이 크게 오르면서 대출로 부동산을 구매하는 비율이 증가했기 때문이다. 주택 가격이 3억 원일 때와

6억 원일 때 대출 금리 1% 차이로 차주의 이자 부담이 크게 달라지는 만큼, 금리가 부동산에 미치는 영향이 그 어느 때보다 커졌다. 전세 시장도 예외는 아니다. 전세대출 제도가 생긴 후로 금리의 영향력이 더욱 커졌기 때문이다.

물론 지금처럼 0.25%p 인하만으로는 당장 큰 효과를 기대하기 어렵다. 실제로 가산금리가 올라 대출금리가 인하 효과를 느끼기 어려운 상황도 있다. 하지만 금리가 점진적으로 내려간다면 시장에 온기가 퍼질 가능성이 높다.

다음 요소는 시장의 유동성이다. 유동성은 부동산 시장에 불을 붙이는 윤활유와 같아서, 돈이 얼마나 풀리느냐에 따라 시장의 활기와 침체가 좌우된다. 예를 들어 특례보금자리 같은 대출 상품이 주는 영향도 시장 유동성을 판단하는 기준이 될 수 있다.

2024년에는 기존 특례보금자리 대출 대신 신생아 특례 대출이 도입되었다. 이 대출 상품은 출산 또는 입양 후 2년 이내 가구에 저금

2024년 2월, 신생아 특례 대출

9억이하 들썩⋯ '1% 금리' 신생아특례, 거래 기폭제 되나

신생아 특례대출 돌풍이 주택거래활성화로 이어질 것이란 기대감이 일고 있다. 신청이 몰린 만큼 대출대상인 9억원이하 주택에 대한 대기수요가 늘고 있어서다. 다만, 실거래 등기 등을 감안하면 가시적 효과에는 적지않은 시일이 걸릴 전망이다.

출처: 파이낸셜 뉴스

리로 대출을 지원하는 방식으로, 신청 첫 주에만 2조 5천억 원이 신청되었다. 참고로 특례보금자리는 1년 동안 약 40조 원이 넘게 신청된 바 있다. 하지만 신생아 특례 대출의 경우 대환대출(대출 갈아타기) 비중이 높았고, 지원 대상 가구도 특례보금자리보다 훨씬 적어 시장에 미치는 영향은 제한적이었다. 현재 정부가 시장을 바라보는 시각을 고려할 때, 이 같은 대출 프로그램이 2025년에 또 나올 가능성은 낮아 보인다. 이에 대한 자세한 내용은 정부의 규제 부분에서 다뤄보겠다.

시장 유동성 측면에서 현재 가장 중요한 변수는 DSR(총부채원리금상환비율)이다. DSR은 차주의 상환 능력에 따라 대출 한도를 정하기 위한 지표로, 차주가 가진 모든 대출의 연간 원리금 상환액을 연간 소득으로 나누어 산출한다. 여기에는 마이너스 통장, 신용대출, 전세자금 대출, 자동차 할부 금융 등이 모두 포함된다(출처: 한국은행). 쉽게 말해 차주의 모든 대출을 검토해 소득과 연계하여 대출 한도를 제한함으로써 최소한의 대출만 가능하도록 한 제도라 할 수 있다.

2018년 11월부터 도입된 DSR 규제는 초기에는 1금융권에 적용되었으나, 1년 뒤 2019년에는 2금융권으로 확대되었다. 이 규제가 시행되면서 아파트 담보 대출뿐 아니라 차주의 전체 소득과 모든 대출을 종합적으로 고려해 대출 한도를 산정하게 되었다. 이전에는 신용대출을 받은 후 주택담보대출을 추가로 받는 방식이 가능했지만, DSR 규제 시행 이후로는 어려워졌다.

DSR 규제후 시중은행 빚 많은 채무자 대출비중 '반토막'

금융당국은 당시 시중은행에 신규 대출에 대해 DSR 70% 초과 대출의 비중은 15%, 90% 초과 대출은 10% 이내로 관리하고, 평균 DSR를 2021년 말까지 40%로 낮추라고 주문했다. 소득에 비해 빚이 많은 이들에게 대출을 가급적 내주지 말라는 취지다.

출처: 연합뉴스

2단계 스트레스 DSR 본격 시행

[시사매거진 신혜영 기자] 정부가 금융당국은 급증하는 가계부채 위험을 줄이기 위해 가산 금리를 높이고, 대출한도를 줄이는 2단계 스트레스 DSR(총부채원리금상환비율)을 지난 9월부터 본격 시행됐다. 스트레스 DSR 2단계가 시행되면서 가계대출 증가세가 점차 완만해지는 모습이다. 최대 대출금액이 지난 1단계 규제 때보다 10%가량 감소한 것으로 나타났다.

동일한 은행을 기준으로 할 때 최대 9300만 원까지 차이가 났다. 예를 들어 소득 5000만 원 차주가 변동금리로 받을 수 있는 대출한도가 3억 1500만 원에서 2억 8700만 원으로 2800만 원가량 줄어든다. 소득 1억 원 차주는 대출한도가 6억 3000만 원에서 5억 7400만 원으로 감소한다.

출처: 시사매거진

　　2024년 9월부터는 기존 DSR보다 더욱 엄격한 '스트레스 DSR' 이 시행되었다. 당초 7월 시행 예정이었으나 연기되면서, 대출 한도가 더 줄어들게 되었다. 쉽게 말해 대출 규제가 더 강화되었다는 의미다. 예를 들어 소득이 5천만 원인 사람의 대출 한도가 기존 3억

1,500만 원에서 2억 8,700만 원으로 줄어든다. 대출 규제가 강화되면 부동산 시장으로 유입될 자금이 줄어들게 되며, 자연스럽게 거래량도 감소한다. 이처럼 유동성의 핵심은 대출인데, 현재는 DSR 규제로 인해 유동성이 상당히 억제되어 있는 상황이다.

마지막 요소는 정부의 규제와 완화 정책이다. 이 역시 시장에 즉각적인 영향을 미치며, 그 파급력에 따라 시장 반응의 크기가 달라진다.

2024년 10월에 발표된 기사로 인해 부동산 관련 오픈채팅방에서는 논란이 커졌다. 내용은 세입자가 전세 대출을 신청할 때, 이제는 집주인의 상환 능력까지 확인한다는 것이었다. 정부가 대출 심사를 강화하자, 시장에서는 이러한 조치가 지나치게 까다롭다는 반응이 나오며 부동산 거래와 전세 시장의 위축을 우려하는 목소리도 커지

2024년 10월, 전세대출 시 조건 검토

금융당국, 세입자 전세대출에 집주인 '반환능력 있는지' 신용평가 검토

[딜라이트=이나무 기자] 금융당국이 전세대출 시 집주인의 반환 능력을 평가하는 방안을 검토한다.

금융당국은 현재 잔액 기준 200조원에 육박하는 전세대출 공급 규모에 대한 관리 강화에도 나선다는 방침이다.

금융위원회는 전세대출 실행 시 임대인 상환 능력과 관련한 은행권 신용평가를 도입하는 방안을 살펴보고 있다.

은행권이 자체 신용평가시스템(CSS)을 활용해 임대인의 전세자금 반환 능력을 확인한 뒤 대출을 내주도록 한다는 취지다.

출처: 딜라이트

2024년 10월, 디딤돌 대출 혼선

"서민을 왜 이리 괴롭히나"…일주일 만에 뒤집은 대출 규제에 시민들 '부글부글'

국토교통부가 디딤돌 대출의 한도 축소를 잠정 연기한 것은 여론의 강한 반발 때문이다.
디딤돌 대출은 연소득 6000만원 이하인 무주택 서민들이 5억원 이하의 주택을 살 때 최대 2억
5000만원을 최저 2%대 저금리로 빌려주는 상품이다. 신혼부부에 한해선 연소득 8500만원 이
하일 때 최대 4억원을 저리로 빌려 6억원 이하 주택을 살 때 활용할 수 있다. 무주택자 요건에 소
득 제한이 있는데다 주택가액도 높지 않아 가장 대표적인 '서민 대출' 상품으로 여겨진다. 정책금
융의 지원이 가장 필요한 대상에 대한 지원을 가계부채 축소의 한 수단으로 봤다는 것에 대해 당
사자는 물론 일반 국민들의 여론이 빠르게 악화됐다.

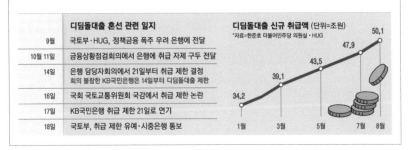

출처: 매일경제

고 있다.

또한 국토부가 연소득 6천만 원 이하 무주택 서민을 대상으로 한
저금리 디딤돌 대출의 한도를 축소하겠다고 발표하자 엄청난 반발
이 일었다. 시중은행에서 디딤돌 대출 취급을 제한한다고 하자 민원
이 제기되며 여론이 나빠졌고, 결국 일주일 만에 정부는 제한 유예를
결정했다.

이 두 가지 사례만 보아도, 현재 정부가 부동산 시장에 대한 규제
를 강화하려는 방향성을 읽을 수 있다. 부동산 대출과 거래량, 가격

나는 청약 통장을 버리고 경매로 건물주가 되었다

이 상승하면서 정부의 규제도 강화되는 것이 자연스럽다. 지금은 완화보다는 규제 강화에 더 무게가 실려 있다.

정리하자면 금리는 인하 가능성이 있지만, 시장의 유동성은 당분간 제한적이며, 정부는 규제 강화 기조를 유지하고 있다. 부동산 가격의 전반적 상승을 논하기에는 세 가지 조건 모두 충족되지 않는 상태이지만, 서울과 경기 지역에서는 아직 덜 오른 지역이 회복될 여지가 크다. 지방에서는 특히 대구와 부산에 단기적인 기회가 있을 수 있으며, 회복이 덜 된 곳에서 기회를 찾는 것도 좋은 전략이다. 자금이 부족한 투자자라면 지방까지 함께 고려해볼 수 있기를 바란다.

그래서 부동산 투자, 지금 해도 될까요?

부동산 가격이 조금만 오르면 많은 이가 묻는다. "지금 투자하기엔 너무 늦은 것 아닌가요?" 혹은 "인구가 줄어드니 이제 부동산 가격은 오르지 않겠죠?"라고 말이다. 그러나 장기적으로 볼 때 부동산은 우상향할 가능성이 더 크다. 실제로 2023년을 기점으로 부동산 가격이 다시 회복되자, 주변에서도 "지금 가격이 너무 높은 거 아닌가요?"라며 의문을 던지기도 한다.

1986년부터 2010년까지 전국 아파트 매매가격 그래프를 보면 중간중간 정체기를 거쳤지만, 결국 가격은 우상향을 그리며 상승했다. 이후 2010년부터 2020년까지의 그래프 또한 이전과 유사한 흐름을 보인다. 이 기간에도 아파트 가격이 하락하거나 정체된 시기가 있었

나는 청약 통장을 버리고 경매로 건물주가 되었다

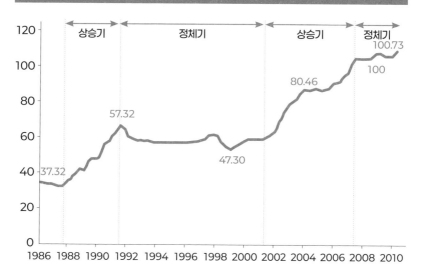

전국 아파트 매매가격: 1986~2010년

출처: 현대경제연구원

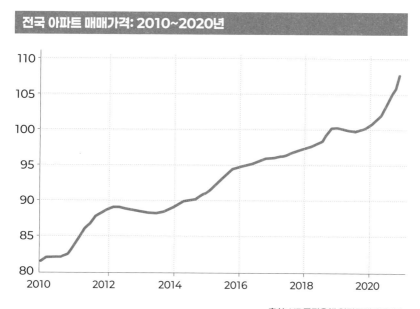

전국 아파트 매매가격: 2010~2020년

출처: KB국민은행 월간주택가격지수

전국 아파트 매매 가격 지수 변동률

◇지역별아파트시세 <단위=만원>

지역	아파트명	평형	매 매 가	전 세 가
반포	주공	18	3,400~ 3,900	2,400~2,600
		22	3,800~ 4,800	2,800~3,200
	한신4차	33	5,000~ 6,000	3,400~3,600
		51	9,000~13,000	6,500
	경남	32	4,500~ 5,500	3,200~3,300
		51	8,300~10,000	6,000
개포동	주공	13	1,600~ 1,900	1,300~1,400
		17	2,500~ 2,900	1,700~1,800
		25	3,800~ 4,500	2,500~2,700
		34	6,000~ 6,800	3,500~3,800
	우성4차	34	6,500~ 8,000	3,800~4,000
		55	12,000~16,500	6,500~7,000
	미도	34	5,900~ 6,500	3,800~4,000
		67	14,000~19,000	7,000~7,500
대동치	온마	31	4,000~ 4,600	3,000~3,200
		34	4,500~ 5,300	3,200~3,500
압정	현대	48	10,000~13,000	7,500~8,000
		65	18,000~23,000	10,000
	한양	35	6,000~ 8,000	4,500
		54	10,000~15,000	7,000~8,000
잠실	미성	24	3,600~ 4,200	2,600~2,700
		51	7,500~ 8,800	4,500~5,000
	주공	13	2,000~ 2,200	1,200
		19	3,000~ 3,700	2,000
		34	4,300~ 5,700	2,800
	신우촌	38	10,000~11,500	5,000~6,000
		57	14,500~17,500	6,500~7,000
가락	삼익	31	5,000~ 5,700	3,000
		45	7,800~ 8,500	3,800~4,000
	한양	27	4,300~ 4,500	2,500~2,600
		45	8,500~ 9,000	3,800~4,000
고덕	주공	33	3,600~ 4,400	2,300~2,400
	신동아	30	4,900~ 5,500	2,400~2,500
		45	6,700~ 7,700	3,200~3,300
동부이촌동	현대맨션	32	4,300~ 4,500	2,800~3,000
		55	9,000~12,000	4,500~5,000
	신동아	31	6,800~ 8,000	4,500
		69	18,000~24,000	9,000
목동수	극동	28	5,000~ 5,200	3,000
		52	8,000~11,000	5,500
여의도	시범	18	2,900~ 3,200	1,900
		48	7,000~ 7,500	4,000
목동	신시가지	20	2,600~ 3,100	2,000
		27	3,300~ 4,100	2,500~2,600
		35	5,700~ 6,300	3,000~3,100
		45	7,000~ 8,000	3,300~3,500
		55	8,700~ 9,800	4,000
광명시	주공	13	1,100~ 1,250	950~1,000
		17	1,650~ 1,700	1,400~1,500
		25	2,200~ 2,300	1,700~1,800
		32	3,100~ 3,200	1,900~2,000
과천시	주공저층	18	2,000~ 3,000	1,900~2,000
		33	5,600~ 6,800	3,300
	주공고층	23	3,100~ 3,800	2,200~2,300
		45	6,000~ 7,500	3,500
상계동	주공고층	13	1,800~ 2,000	1,100~1,200
		17	2,300~ 2,400	1,400
		24	3,100~ 3,200	1,400~1,500
	주공저층	20	2,900~ 3,000	1,500
		27	3,600~ 3,800	

나는 청약 통장을 버리고 경매로 건물주가 되었다

으나, 결국 다시 상승한 것을 확인할 수 있다.

1980년대 당시 대치동 은마아파트와 잠실주공 아파트의 시세는 5천만 원도 되지 않았다. 현재 이 두 아파트의 시세가 20억 원 후반에 이르렀으니, 50배 이상 상승한 셈이다.

2003년에 나온 부동산 기사에는 요즘 가장 핫한 서울 아파트 중

2003년 부동산 관련 기사

한겨레21 ⊕ 구독

'팔자'와 '사자'의 눈치싸움

입력 2003.01.29. 오후 5:18

서울 강남에 사는 김아무개(52)씨는 요즘 하루하루 지나가는 게 무섭다. 세월타령이 아니다. 지난해 부랴부랴 사들인 강동구 둔촌동 둔촌주공아파트 때문이다. '추락하는 것은 날개가 없다'고 했는가. 재건축이 추진돼온 이 아파트(16평형)는 지난해 말 시공사 선정 때만 해도 3억3천만원에 거래됐지만 지금은 2억7천만원에도 살 사람이 없다. 김씨는 집값이 한창 오를 때 은행에서 1억9천만원을 빌린 뒤 전세 8천만원을 안고 자기 돈 6천만원을 투자해 이 집을 샀다. 그러나 불과 몇 개월새 6천만원이나 빠지고 말았다. 고덕·둔촌 지구 재건축 안전진단 반려에 이어 40년 이상된 아파트만 재건축을 허가하겠다는 서울시 방침이 직격탄이었다.

집으로 떼돈 버는 시절 끝났다

1990년대 이후 부동산값 침체는 두번 있었다. 한번은 1991년 중반부터 95년까지로 이는 토지공개념 도입과 새도시 입주가 근본원인이었다. 또 한번은 외환위기 때로 대량실업·소득감소로 인해 실수요자 중심으로 매물이 쏟아져나왔다. 물론 지금은 그때와 상황이 전혀 다르다. 아파트가 대량공급되는 것도 아니고, 투기(혹은 투자)와 상관없는 실수요자들까지 매물을 쏟아내는 것도 아니다. 그래서 부동산전문가들은 "그동안 지나치게 집값이 폭등한데다 강도 높은 부동산 안정대책으로 당분간 집값이 하락세를 타겠지만 대세하락의 신호탄은 아직 나타나지 않았다"고 진단한다. 이는 봄철이 되면 집값이 다시 뛸 거라는 막연한 기대도 있지만, 현재로서는 바닥을 가늠하기 어려운 만큼 시장을 지켜보는 편이 가장 훌륭한 선택이라는 처방으로 이어진다.

크게 보면 집값이 조금씩 떨어지는 지루한 하락세가 한 2년간 이어질 것으로 보는 견해가 주류를 이룬다. 전문가들은 또 1998년과 같은 폭락사태가 나타날 가능성은 낮지만 하락세가 멈추더라도 추가상승해서 집으로 떼돈 버는 시절은 끝났다고 지적한다. 혼돈의 와중에 있는 부동산시장 판도와 방향은 새정부가 출범하고 겨울 이사철이 지난 3월 이후에 뚜렷한 윤곽을 드러낼 가능성이 높다.

출처: 한겨레21

하나인 올림픽파크포레온(구 둔촌주공) 관련 내용이 있다. 당시 3억 3천만 원에 매수했으나 2억 7천만 원으로 떨어져 걱정했다는 기사다. 현재 시점에서 보면 걱정할 필요가 없었음을 알 수 있다. 그동안 수억 원 넘게 올랐기 때문이다.

기사에 "집으로 떼돈 버는 시절 끝났다"라는 문장이 등장하는데, 최근에 나온 기사처럼 느껴지지 않는가? 이런 문구는 언제나 자극적이고 맞는 말처럼 들린다. 과거에도, 현재에도 마찬가지다. 지금 부동산 투자를 한다고 하면 주변에서 우려하거나 부정적으로 반응하는 경우가 많을 것이다. 이 현상은 아마 2030년, 2040년에도 비슷할 것이다.

지난 40년간 아파트 가격은 중간에 하락하는 구간이 있었지만 결국 우상향했다. 아파트 시장이 침체하고 더 이상 돈이 안 된다는 우려는 늘 존재해왔지만, 결국 장기적으로는 상승해온 것이다. 어떤 것을 믿고 무엇을 따를지는 각자의 선택이다. 다만 그 선택의 책임도 자신이 지는 것이다. 이 책을 읽는 분들이 자신만의 원칙을 세우고, 부동산과 경매 투자를 시작하시길 바란다.

초판 1쇄 발행 2024년 11월 12일

지은이 부비게이터(이동열)
펴낸곳 원앤원북스
펴낸이 오운영
경영총괄 박종명
편집 최윤정 김형욱 이광민
디자인 윤지예 이영재
마케팅 문준영 이지은 박미애
디지털콘텐츠 안태정
등록번호 제2018-000146호(2018년 1월 23일)
주소 04091 서울시 마포구 토정로 222 한국출판콘텐츠센터 319호 (신수동)
전화 (02)719-7735 **| 팩스** (02)719-7736
이메일 onobooks2018@naver.com **| 블로그** blog.naver.com/onobooks2018
값 19,000원
ISBN 979-11-7043-589-1 03320